瘾力大师

程志良
用户成瘾行为专家
瘾力大师 创始人

从事用户成瘾行为研究、智能用户驱动增长的模式设计十余年，为国内外知名品牌和互联网企业提供用户成瘾模式，以及增长模式的设计、优化、培训

著有用户行为设计畅销书
《成瘾》《锁脑》《带感》

商务合作　扫码咨询

瘾力大师

致力于打造高精尖的智能用户中心

Committed to building a cutting-edge intelligent user center

行为设计
瘾力模型设计优化
App互动模式设计
智能用户赋能品牌增长
成瘾模式注入
增长模式设计优化创新
用户与智能身份连接模式研究设计
用户价值深化 用户深层画像
智能用户驱动增长
用户互动营销应用设计
用户深层动力研究
驱动模式设计 体验升级
用户感觉模拟
用户黏性活跃度提升

购买此书并分享朋友圈，截图发送给"瘾力大师"微信公众号，即可免费领取价值199元的用户行为设计音频课"瘾品化思维"。

用户自驱力的8张画像

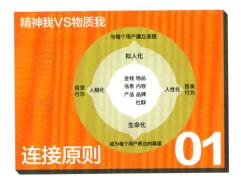

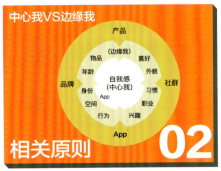

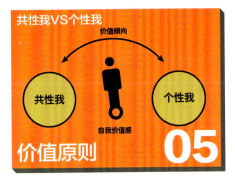

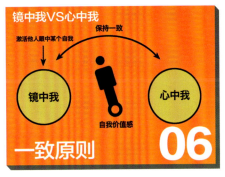

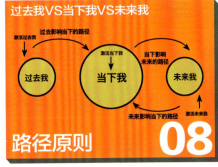

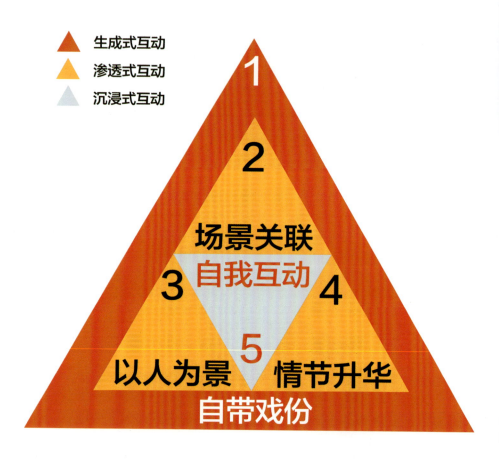

自增长

用户自驱型增长

让每个用户都成为增长的深度参与者和积极驱动者
Let every user become a deep participant and active driver of growth

程志良 著

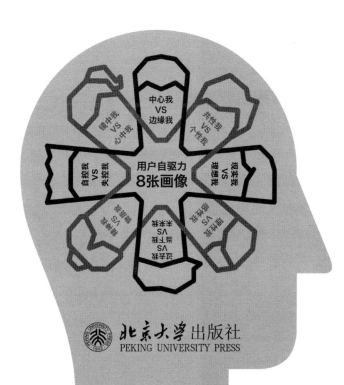

北京大学出版社
PEKING UNIVERSITY PRESS

内 容 提 要

什么是自增长呢？自增长是由程志良提出的依托于脑模式驱动的增长理念，又称"脑增长"。自增长就是"用户自驱型增长"。它是在用户自驱力的驱动下自觉自发增长的模式。自增长模式让用户不再依赖外在刺激，而是自觉自发地传，欲罢不能地买，心甘情愿地追。自增长是让每个用户都成为价值、用户、利润、黏性增长的深度参与者和积极驱动者，从而打造用户自驱型增长的IP、产品、品牌、社群、App。自增长是以价值增长驱动黏性增长，以黏性增长驱动用户增长，以用户增长驱动利润增长的模式，是价值、黏性、用户、利润这四者连带增长的模式。其实，这四者抛开其一谈增长都是空谈。自增长是实现高效和科学增长的终极目标和最高境界。

图书在版编目（CIP）数据

自增长：让每个用户都成为增长的深度参与者和积极驱动者/程志良著. — 北京：北京大学出版社，2022.7

ISBN 978-7-301-33058-6

Ⅰ.①自… Ⅱ.①程… Ⅲ.①营销管理 Ⅳ.①F713.56

中国版本图书馆CIP数据核字（2022）第094062号

书　　　名	自增长：让每个用户都成为增长的深度参与者和积极驱动者 ZIZENGZHANG: RANG MEIGE YONGHU DOU CHENGWEI ZENGZHANG DE SHENDU CANYUZHE HE JIJI QUDONGZHE
著作责任者	程志良　著
责任编辑	王继伟　刘沈君
标准书号	ISBN 978-7-301-33058-6
出版发行	北京大学出版社
地　　　址	北京市海淀区成府路205号　100871
网　　　址	http://www.pup.cn　　新浪微博：@北京大学出版社
电子信箱	pup7@pup.cn
电　　　话	邮购部 010-62752015　发行部 010-62750672　编辑部 010-62570390
印　刷　者	涿州市星河印刷有限公司
经　销　者	新华书店
	880毫米×1230毫米　32开本　9.25印张　插页2　192千字 2022年7月第1版　2022年7月第1次印刷
印　　　数	1–10000册
定　　　价	69.00元

未经许可，不得以任何方式复制或抄袭本书之部分或全部内容。
版权所有，侵权必究
举报电话：010-62752024　　电子信箱：fd@pup.pku.edu.cn
图书如有印装质量问题，请与出版部联系，电话：010-62756370

前言

"躺赢"当下和未来的模式

你一定想不到,你打开这本书的第一件事,就是要接受一个重磅信息的"轰炸"。"在未来5年到10年内,京东、天猫、拼多多等购物平台,包括抖音、小红书等大部分App,都将面临被迫转型和萎缩。就像零售业受到互联网的冲击一样,势不可当。"你先别惊讶,我还想告诉你,在未来30年,随着高端制造业的崛起,以及脑科学、生物科技、人工智能科技的快速发展,更重要的是全球生态环境的改变,人们的生活方式和生存结构都将再次发生巨变。大部分人的大部分时间,都将生活在虚拟世界里,在虚拟世界里创造自我价值。这里的虚拟世界,并不是传统意义上的虚拟,而是实体与虚拟高度结合的新兴虚拟世界。这一切都是因为人与外在事物的连接方式将发生巨变。新兴虚拟世界与用户的连接将越来越深层,越来越智能。我们将进入一个真正的"智能用户"的时代。智能用户简单理解就是由虚拟身份驱动的用户,现实中用户的行为是由网络世界中为用户构建的智能分身和虚拟身份来驱动的。未来商业的增长,更多是在智能用户的驱动下实现的。

运营、设计、营销、文案、管理者等大部分商业从业者,看到这里也许会在心中念叨:"我3个月或是半年做不出来增长,就失业了;也许一年后、两年后我的公司都没了,谁有空操心未来5年、10年、30年的事情?"其实,不管是着眼于当下,还是放眼未来,商业的成败都与我们上面提到的一个概念密切相关,它就是"与用户的连接方式"。无论你是想抓住当下,还是要拥有未来,都必须从与用户的连接方式开始变革。与用户的连接只有够深层、够智能,才不会随着外在世界的变化而动摇和衰败。不然品牌、社群、App与用户的关系就像无根的树、无基的楼,即便再风光,也只不过是昙花一现,过眼云烟。与用户建立深层连接,不但会让你抓住当下,而且可以让你"躺赢"未来。

那么,怎样与用户建立深层连接呢?方法就是与用户大脑中的深层驱动力建立连接。"深层"在本书中并不是一个空洞的概念,而是指要触达的自我的深度、自我的层面、自我的境界。自我就是用户大脑中的深层驱动力。与自我建立深层连接,就会触发用户自觉自发的内驱力,这种内驱力就是自驱力。用户在自驱力的作用下会产生自觉自发的行为。虽然用户是千差万别的,但是每个用户的自我都是一样的。也就是说,"万变的用户,都有一个不变的自我"。只要我们能与用户的自我建立深层连接，搭上自我强大的内驱力，就可以"躺赢"当下和未来。因为在自驱力的驱动下可以轻松实现自增长。

什么是自增长呢？自增长是笔者提出的一种科学的、良性的增长模式。它是指在用户自驱力的驱动下自觉自发增长的模式。自增长之所以被称作"躺赢"的增长模式，是因为导入自增长模式，品牌、社群、App可以实现用户自我驱动式的成长。用户不再依赖外在的不断刺激，会自觉自发地传播、心甘情愿地追随。自增长模式的目的是打造用户自驱型的品牌、社群、App。这是实现高效和科学增长的终极目标和最高境界。自增长是以价值增长驱动黏性增长，以黏性增长驱动用户增长，以用户增长驱动利润增长的模式，是价值、黏性、用户、利润这四者连带增长的模式。其实，这四者抛开其一谈增长都是空谈。

本书通过用户自驱力的8张画像——自我画像，将用户的自我深层动力模式和盘托出，并且围绕自驱力的8张画像，分享了8个实现自增长需要遵循的原则，以及触发和驱动用户行为的5种互动模式。让你在掌握用户自驱力机制的同时，掌握驾驭这种强大动力的工具，从而帮助你轻松实现自增长。

笔者在用户行为和用户系统领域深耕了10多年。本书是本人用户行为研究、设计、优化系列图书中，继《成瘾》《锁脑》《带感》之后的又一著作，也是笔者认为最重要、最有分量、最具操作性的一本。本书主要阐述"自我"和"情景"这两大动力因素的运作机制,以及与用户的深层动力建立深层连接的科学方法。本书的操作性和科学性更强。大家要想深入、系统地了解和运用用户的深层动力机制,可以延伸阅读笔者的其他著作。

如今用户的存在模式不再是20年前的状态。20年前,用户接收信息的途径主要是电视和报纸,处于被动接收阶段,也就是给他们什么他们接收什么。智能手机的出现,使人们接收信息的模式由被动模式转变成了自主模式。每个用户在手机上装什么、看什么,都是由个人说了算的。也就是说,用户与信息的互动,完全个人化和中心化了,我们与用户的接触也越来越直接。要想在用户心中占得一席之地,就必须对用户的深层动力有所了解,除此之外别无选择。所以,对用户行为的研究,是每个商业从业者必须深入学习的,每个公司也必须设立相关部门,不然将失去竞争优势。

真心希望我的用户行为研究、设计、优化的系列著作能为你打开通向用户深层世界的大门,让你既能抓住当下,又能"躺赢"未来。

CONTENTS 目 录

Part 01 / 第一部分
自驱力画像：万变的用户不变的动力

|第一章|

与用户大脑建立深层连接

1. 用户大数据的"八宗罪"　/ 003
2. 增长三问　/ 012
3. 与自我连接，搭上用户自驱力的顺风车　/ 021
4. 千人千面 VS 万人一面　/ 025

|第二章|

用户自驱力的第 1 张画像：精神我 VS 物质我
画像原则：连接原则

1. 什么是自觉自动行为的驱动力？　/ 030
2. 画像原则：连接原则　/ 034
3. 与自我连接的方法：人格化　/ 038
4. 让连接变得具有黏性的方法　/ 043

自增长：让每个用户都成为增长的深度参与者和积极驱动者

|第三章|

用户自驱力的第 2 张画像：中心我 VS 边缘我
画像原则：相关原则

1. 画像的原则：相关原则　　/ 050
2. 如何提升用户的自我感？　　/ 053
3. 如何与用户的身份和角色相关？　　/ 065

|第四章|

用户自驱力的第 3 张画像：现实我 VS 理想我
画像原则：对立原则

1. 一切开始于抗拒　　/ 073
2. 一切动力都源自渴望　　/ 076
3. 画像原则：对立原则　　/ 080
4. 自我对立的图谱　　/ 087

|第五章|

用户自驱力的第 4 张画像：自控我 VS 失控我
画像原则：有限原则

1. 驱动用户行为的第一种基本动力　　/ 092
2. 画像的原则：有限原则　　/ 098
3. 如何设计有限的限制？　　/ 100
4. 有限的边界在哪里？　　/ 104
5. 面对挫败，如何继续驱动用户的行为？　　/ 108

| 第六章 |

用户自驱力的第 5 张画像：共性我 VS 个性我
画像原则：价值原则

1. 用户始终在追求个性我　/117
2. 画像原则：价值原则　/119
3. 如何借助个性我影响用户行为？　/123
4. 如何利用共性我影响用户的行为？　/131

| 第七章 |

用户自驱力的第 6 张画像：镜中我 VS 心中我
画像原则：一致原则

1. 每个用户都有两面镜子　/137
2. 画像原则：一致原则　/140
3. 利用镜中我塑造用户行为的方法　/146
4. 心中我塑造用户的 3 种模式　/151

| 第八章 |

用户自驱力的第 7 张画像：理性我 VS 感性我
画像原则：情感原则

1. 颅内之争　/156
2. 画像原则：情感原则　/158
3. 情感直接启动自我　/161
4. 如何带上鲜明的情感？　/164

自增长：让每个用户都成为增长的深度参与者和积极驱动者

| 第九章 |

用户自驱力的第 8 张画像：过去我 VS 当下我 VS 未来我
画像原则：路径原则

1. 每个用户都活在未来 / 169
2. 画像原则：路径原则 / 172
3. 如何利用过去我来塑造用户的行为？ / 174
4. 如何利用当下的状态塑造用户的行为？ / 176
5. 如何借助更近或更远的"我"来影响用户的行为？ / 178

Part 02 / 第二部分
互动驱动：情景是触发和驱动自我的开关

| 第十章 |

一切的本质是互动

1. 互动创造意义和价值 / 185
2. 情景是向大脑输入的按钮 / 189
3. 情景塑造自我，将自我条件化 / 192
4. 情景在触发与驱动之间输出驱动力 / 195

|第十一章|

触发和驱动模式之一：自带戏份

1. 自带戏份之"硬互动" /199
2. 自带戏份之"软互动" /202

|第十二章|

触发和驱动模式之二：场景关联

1. 如何二次获取价值？ /209
2. 场景就是需求 /212
3. 场景优化的3个原则 /214

|第十三章|

触发和驱动模式之三：情节升华

1. 如何实现价值的超越？ /222
2. 情节化获取的3种关系 /225
3. 情节化的4个原则 /228

|第十四章|

触发和驱动模式之四：以人为景

1. 展示他人的姿态和心境 /237
2. 强调个性化表达 /240
3. 用户行为的价值深化 /243

|第十五章|

触发和驱动模式之五：自我互动

1. 自我对话激活内驱力 / 251
2. 内驱力源自感觉模拟 / 253
3. 沉浸其中主动与产品建立连接 / 256

|第十六章|

互动闭环：打造沉浸式的互动模式

1. 互动的目的：建立模式 / 265
2. 形成闭环的 4 道壁垒 / 267

参考文献 / 275

第一部分

自驱力画像

万变的用户不变的动力

第一章

与用户大脑建立深层连接

1 // 用户大数据的"八宗罪" //

你是不是认为,如今的用户系统在大数据的加持下已经很智能、很先进、很高效了?其实不然,如今的用户系统离真正的智能化还差很远,它存在本节将介绍的 8 个层面的弊端和局限。这完全是因为用户系统的开发、设计、运营、营销人员,对用户行为的理解和认知不够深入,仅停留在比较浅显的层面所导致的,这也导致大多数用户数据系统没有发挥出其潜在的价值。当然,这样的用户数据系统更不会实现自增长。

◊ 用户数据的滞后性

如今大部分用户数据系统都存在滞后性,如果用户不在平台上留下行为痕迹,系统就不知道该如何与用户互动。用户不搜索、不点击、不将喜欢的东西放入购物车、不反馈,系统就不知道用户想要什么,就不知道该给用户推送什么内容。系统只有在捕捉到用户的行为痕迹后,才知道用户的需求倾向,才知道该向用户推送什么。例如用户在京东搜索了一双鞋子,系统才知道该向用户推送鞋子,接下来用户浏览的页面上才会出现各种鞋子。再如用户在京东购买了一双鞋子,用户的这一购买行为产生后,系统就会铺天盖地向用户推送类似的鞋子。用户还会再买一双类似的鞋子吗？显然，可能性不大。此时系统为用户推送鞋子的意义何在呢？这就是把用户行为的预测当作用户行为的复制来理解了。

有的购物平台在用户提交订单后，会弹出一串优惠信息。这种时候用户会对这些优惠券感兴趣吗？显然不会。当用户的某个需求得到满足（欲望得到释放）后，系统再向用户推送优惠信息，基本是滞后和无效的。这就好像你已经吃饱了，再给你多么美味的食物，你的兴趣也会大大降低。

用户数据系统的滞后性，体现在很多方面。滞后最根本的原因，是开发者对用户行为的理解不够深层，用户数据系统与用户的深层连接基本为零。这导致开发和设计的用户数据系统非常被动和滞后。因为你根本不知道驱动用户行为的深层动力是什么，只能是用户表现出什么行为，你就追随什么行为，根本开发不出具有前瞻性的用户数据系统。

◊ 为了数据而数字

大部分的用户数据系统是借助数字所带的情感发挥数据的魅力，而没有开发出真正有价值的用户数据系统。比如对于一段视频或文字内容，系统多是靠围绕这段内容产生的数据来识别其好坏，如点赞、转发、评论、阅读、观看等维度的数据。有一千个点赞与有一万个点赞的两条视频，数据会认为有一万个点赞的视频是优质的。数据系统会对有一万个点赞的视频加大推送量，并不能深度识别视频内容的好坏。

所以，大部分所谓的智能数据系统，只是单纯地借助数字本身所带的情感来设计和开发相应功能。也可以说，大部分的数据系统就是为了制造这样的数字而存在的。结果就是，很多系统是靠制造数字来吸引用户的。这就是刷单、买粉、买榜、买流量等虚假行为屡禁不止的根本原因。系统与用户都太依赖数字本身所带的情感了，这样一来，制造数字就成了很多用户数据系统的目标。这就是数据的第二宗罪。用户数据系统只是在玩数字游戏，只是简单地把制造数字当成数据的核心表现形式。

◊ 为了数据而标签化

目前，对用户行为进行数据分析的重要方式就是贴标签。以贴标签的形式来定义和理解用户的行为。比如用户买了一件2万多元的貂皮大衣，就为用户贴上"高端消费者"的标签。大部分用户数据分析师，认为能为用户贴上标签，就算捕捉到了用户的行为数据。按照这样的逻辑开发的用户数据系统，就会为用户推送各种符合这个标签的产品和信息。其实，这种贴标签式的用户数据系统，既限制了用户的消费行为，又限制了平台的发展。这就是用户数据的第三宗罪：为了数据而标签化。

我们先来看一个例子。用户在购物平台连续两次购买了平价服装，系统就会将这个用户定义为低端消费者。接下来，系统为用户推送的全部都是比较廉价的品牌和产品，不会再给用户推送高端品牌和产品的信息。用户会发现平台变成了一个廉价商品大卖场，看不到比较高端的品牌和产品了。平台的出发点是想借助数据促进用户的消费行为，但实质上是在限制用户的消费，同时也限制了平台的增长。

我们来思考一个问题，就能明白贴标签的数据模式存在什么弊端了。苹果手机贵吗？当然贵。是高端消费者在购买吗？当然是。那么为什么一个月只有两三千元收入的用户也会购买苹果手机？低收入人群之所以会买一部高消费的手机，是因为用户的需求是分层次的。大部分用户在日用品方面会选择经济实惠的品牌，但是对那些能体现自己身份地位的用品，则会选择比较高端的品牌，如汽车、服装、包包、手机等。这些方面的产品，用户即便没有足够的经济实力，也会通过分期、贷款来消费。我们一定要明白一点，对于现代用户来说，并没有所谓的买不买得起，有的更多的是情感消费。单纯用标签来理解用户的行为是片面的。自以为给用户贴上标签就捕捉到了用户消费行为的轨迹，就能预测用户的消费行为，实质上是在彼此限制。

我们再来看看为内容或产品贴标签存在的弊端。系可以为一条音乐视频标上明确的标签，也可以为一条健身视频标上明确的标签，这样可以提高系统的推送效率。但是大部分视频是不能被标上明确的标签的，如一些娱乐的、调侃的视频。由于系统只能依赖标签向用户进行推送，因此用户总是会刷到一些莫名其妙的视频内容——视频与视频的关联度极低，而用户想看的内容却看不到。这就是标签混乱导致推送混乱的局面。

围绕标签识别用户、内容、产品的数据模式是狭隘的，是存在局限的。这样的用户数据系统，并不能实现用户智能化，更无法实现自增长。

◇ 数据低能

我们测试过一些平台的推广工具，发现即使精准设置了目标用户进行的广告或内容投放，效果也非常不理想。比如，精准投放了1万元的推广费，却连一件产品都卖不出去。既然精准设置了产品针对的用户群体，为什么推广的效果还如此差呢？这不免让人怀疑平台的用户数据和算法。因为数据效率低下，不仅取决于推送模式，而且取决于推送的内容，因此我们也尝试过优化推送内容，但是效果依然较差。大数据发展到今天，精准推广的效果如此差，真是让人无语。用户数据系统低能的原因，是对用户行为理解的肤浅，结果就是开发出来的用户数据系统是个"低能儿"。

我们再来看搜索引擎的局面。互联网发展了20多年，搜索引擎开始是什么样子，如今还是什么样子。输入关键词，点击搜索，系统会给用户几万条甚至几十万条的信息。这样的搜索结果看似高效，实际是不够智能。用户真诚地祈祷"万能的搜索，请赐给我一棵树"，点击搜索，系统给了用户一片森林。结果用户迷失在了森林里。用户要的是解决问题，而不是多多益善。

用户数据系统的低能，还体现在另外一方面，那就是无法用

自增长：让每个用户都成为增长的深度参与者和积极驱动者

魅力吸引用户就"耍流氓"。例如，很多手机应用都存在退出难的问题，前几年这样的现象还稍微好点，这一两年流量竞争激烈，这种现象愈演愈烈。某超市算是比较早地推出了用户手机自主结算系统，但是App的一些细节设计真的让人崩溃。比如，支付完成后，要退出支付界面，平均需要点击6次才行，多的时候需要点击将近10次才能退出支付界面。这是因为支付完成后，系统会弹出各种信息，如促销的、抽奖的、办卡的，等等。更糟糕的是，退出时该App需要重新返回到扫码支付的界面，真不知道这是什么数据逻辑。现在这样的App越来越多。

未来是用户数据系统制胜的时代。一个算法的改进，也许就能创造一个商业帝国，抖音就是靠算法取得了巨大成功。如果我们还停留在低能的用户数据理解和认知阶段，那么真的是一件令人担忧的事情。

错误的出发点——预测

在我们通过分析数据研究用户的时候，往往会步入一个误区——认为通过数据分析可以精准地预测用户的行为轨迹。其实这种认知是错误的。我们一定要明白，现代商业的核心是要塑造用户的行为，而不是复制和预测用户的行为轨迹。预测用户的行为的价值是有限的。

移动支付、共享单车、网上购物、微信、短视频等商业模式的成功，都是因为抓住了用户的需求吗？不是。而是因为他们塑造了用户的需求。其实用户根本就不知道自己需要什么。更加准确地说,用户的真实需求是非常有限的。如果没有强大的刺激,用户是不会有太多需求的,是商家通过"烧钱"塑造了用户的需求。

你认为流行是塑造的还是预测的?当然是塑造的。每年的时装秀是在做什么?是在预测吗?不是,是打着预测的旗号,对用户的行为进行塑造。预测让人感觉是站在用户的角度,而塑造则是站在商家自身的角度。说到底,是商家在卖某款衣服,用户才想要买,而不是商家精准预测到了用户的需求,才制造了这样的款式。用户数据的第五宗罪,就是用户数据系统的出发点错了——以预测为出发点。

我们一定要明白,掌握数据是为了更好地帮助用户创造生活。预测和复制用户的行为从来都不会成功。搞不明白这一点,用户数据系统的价值和意义将非常有限。

◊ 浪费数据

用户数据系统中每天数以亿计的庞大数据具有巨大的价值,可以被二次利用,以提升用户之间的互动性和黏性。但是就目前来看,这些数据大部分被商家浪费了。商家并没有高效地利用这些资源。比如,用户的消费记录、评论记录、浏览记录等,都具有二次开发的巨大价值,都是能与用户建立深层连接的端口。但是分析数据和设计系统的人,对用户行为的认知有限,使这些数据被当成了垃圾和下脚料。平台一直在寻找可以利用的资源,却看不到用户已经把宝贵的资源给了平台。

我们来看个简单的例子。用户在一个购物平台买了一包餐巾纸。这样的数据信息，其实是可以得到二次利用的。比如，系统可以大致推算出用户会在多长时间内用完这包餐巾纸，然后在适当的时间向用户推送餐巾纸。但是，大部分的平台都没有这样做。品牌、平台与用户的互动没有建立深层连接，更多时候是各玩各的。这就是对用户的理解还比较表面，无法对用户的行为进行价值深化的表现。

这就是目前用户数据系统的第六宗罪——浪费用户创造的具有巨大价值的数据资源。

◇ **愚蠢的数据**

如今的用户数据离智能化还差很远，因为它无法识别信息中所带的情感。我们设计的数据系统基本处于傻瓜阶段。在某短视频平台，一段普通的正面内容，会被系统提示涉及低俗内容或者被提示属于劣质产品，从而被直接限流或删除。询问客服为什么会这样，对方回复说这是系统的事。而有些视频低俗至极，却被推送给很多人，而且有几万的点赞。如果用户数据系统不能识别内容中的隐藏情感，那么它的价值在哪里？又怎么实现用户系统的智能化？这种情况下，我们就是在与愚蠢的数据互动，不是吗？这就是用户数据系统的第七种宗罪，无法识别情感，因此产生了一些不好的效果。

大部分从事人工智能的专家认为，我们永远制造不出具有人类情感的机器和系统。这是因为我们对自身的情感认知还比较表面，当我们有了更深层的认知时，完全能制造出具有人类情感的机器和系统。我们对人类的情感认识越深，开发出的用户系统就会越智能。

◊ 唯利是图的数据

大部分用户都遇到过这样的情况——浏览信息时总会被插入一些莫名的广告，如游戏广告。关键是即使用户多次将其标注为不感兴趣，系统还是会继续推送。如果推送模式就是这样设置的，那么只能说明一个问题，系统在按照推送量收取商家的广告费。这样的局面其实对用户、商家、平台都没有好处。对用户来说，会对平台产生越来越多的负面情绪；对平台来说，会有流失大量用户的可能；对商家来说，意味着投入大量广告费用却收效甚微。大数据发展到今天，应该是高效地瞄准目标用户，高效地激活用户需求，从而设计出一套真正服务于用户的智能系统。而如今还在用病毒式、流氓式的推送方式，来敛一点广告费。这真是大数据时代的悲哀。

另外，媒体在不断曝出大数据杀熟的事件，以及线上购物平台先调高价格再打折促销的情况。看来商家更多的是把用户数据系统当成了自身敛财的工具，而不是为了更好地服务用户。当然，一套真正服务于用户的智能系统，根本不用商家这么费尽心机地去搜刮这点钱财，用户会自觉、自动地为平台创造价值。这就是用户大数据的第八宗罪——用户数据系统不是为用户服务的，而是商家牟利的工具。

用户系统存在的局限和弊端，并不仅仅体现在上述 8 个方面，涉及的层面远比这广泛。无论用户数据系统存在什么局限和弊端，多是因为对用户行为的认知和研究不够深入。这里的深入并不是空洞的概念，而是要深入用户大脑深处，触及用户的自我。要想打造出能够实现自增长的用户系统、社群、品牌、App，就必须更深层地认识用户行为的驱动力——自我。

// 增长三问 //

◊ 增长第一问：大脑喜好什么？

如果你认为自己懂用户，能做出增长来，那么请你试着回答以下 3 个问题。如果你能回答上来，就证明你已经抓住了增长的根本，已经达到了做增长的入门级水平。如果回答不上来，天知道你做的是什么。

第一问：大脑喜好什么？

第二问：大脑中谁说了算？

第三问：大脑留存什么？

我可以告诉你，这3个问题是同一个答案。你的答案是什么呢？如果你不知道大脑喜好什么，那你在做什么？如果你不知道用户喜好什么，那你又在做什么？这就好比你不知道别人喜欢喝什么，总是送别人果汁，可是人家根本就不喝果汁。你前脚送，人家后脚就会把你送的果汁扔进垃圾桶。

如果你不知道大脑中谁说了算，不知道在说服谁，那么当你向用户推销价值几百万元的理财产品，用户说不需要时，你就会信以为真。用户真的不需要吗？用户说了不算，需要与不需要，另有做主的对象，它说了才算。如果你不知道大脑中谁说了算，你就没有识别用户行为真假的能力，你就不会知道做增长运营、用户管理的核心依据是什么。

如果你不知道大脑体验过后能留存什么，那么你在做什么？你做产品、做功能、做运营的目的是什么？如果用户体验过后大脑中空空荡荡，你又如何期望用户复购、忠诚？若没有在用户的大脑中留存下任何东西，你就会像一个在街头与用户擦肩而过的过客，没有任何理由会被想起。

如果你不能回答这些问题，不要说实现自增长，生存都是个问题。即便能实现一时的增长，那也只是昙花一现。很多公司辉煌不过三五年，这三五年很多时候还是靠"烧钱"打的鸡血。根本原因就是没有将自身导入一个良性的增长模式。

接下来我们就来看第一个问题：大脑喜好什么？答案是大脑喜好自我。也就是说，大脑喜欢与自我相关的事情，大脑是围绕自我在运作的。大脑习惯性地去感知事物、信息与自我之间的关系，如果大脑不能在某个事物与自我之间建立起关联，那么这个事物就会被大脑视而不见。

你是否有过这样的经历：排队的时候忽然有一个人站到了你的前面，你会瞬间启动愤怒模式，想要和对方理论。但是当你正要开口的时候，对方回头看到了你，对你说："哦，不好意思！"然后转头排到了队伍最后面。这里我们要思考的是，你为什么会瞬间启动愤怒模式？这是因为你在一瞬间，将他的行为与你的自我关联在了一起。大脑处理信息的时候，会优先感知和处理信息与自我的关系——意味着我是怎样的人。别人插队，大脑会习惯地认为是他人无视自己、不尊重自己。大脑将插队这一行为与自我相关联，才是你愤怒的根本所在。其实，他人很多时候是无意的，但是大脑不会做这样的理解，它只会习惯性地认为与自我有关系。

大脑不但习惯性地将事物与自我关联，还会一有空就"咀嚼"自我。咀嚼自我就是围绕自我思前想后。研究发现，大脑在分神的时候，有一些区域也是处于活跃状态的。这些脑区就是与自我相关的区域。丹尼尔·韦斯曼（Daniel Weissman）负责的一项研究发现，当人们的注意力缺失时，大脑内侧前额叶皮层和后扣带皮层的活动会增加。多项研究已经证实了内侧前额叶皮层是大脑中自我的核心脑区。也就是说，在我们注意力涣散的时候，这些脑区依旧比较活跃，这是因为大脑在幻想和咀嚼与自我有关的事情。丹尼尔·韦斯曼指出，大脑平均3秒就会体验到一次自我。我们做事情经常走神，就是大脑忙里偷闲去关照自我了——咀嚼自我。大脑总是想逃离面对的事情去咀嚼自我，特别是面对那些在大脑看来枯燥乏味的事情时。为什么会这样呢？因为大脑可以通过咀嚼自我获得快感。

马库斯·赖希勒和她的团队研究了大脑什么也不做时的状况。什么也不做的时候，大脑应该没什么明显的反应吧？但是他们却发现大脑中与自我相关的两个脑区依旧活跃，它们并没有休息，仍在"值班"。在2001年，马库斯·赖希勒发表论文，证实了大脑功能默认模式的存在。也就是说，大脑在没有任务需要完成的时候，它的默认系统也在运作，而这个系统与自我密切相关。它就是我们大脑的自我脑区——内侧前额叶皮层和后扣带皮层。由此可见，什么也不做的时候，我们的自我也没有闲着，它依旧坚守岗位，是大脑的24小时守门人。

很多研究都表明了，大脑始终在监控和关注外在世界与自我的关系，以及制造事物与自我的关系。这也证明了大脑运作的核心是自我。那么你知道用户的自我是怎样一种存在吗？你知道如何围绕用户的自我设计产品和信息吗？你知道如何与自我建立关系吗？如果不知道，你又凭什么实现增长？

记住一点，不管是什么吸引了大脑的关注，都是因为这个事物与自我存在关联。对大脑来说，与自我相关的事物才是重要的，或者说，才会变得重要。与自我无关的，不会被"请"进大脑；与自我无关的信息，于大脑而言就是干扰；与自我无关的事物，大脑不会"咀嚼"，更不会"咬"住不放。

◊ 增长第二问：大脑中谁说了算？

接下来我们来看第二个问题：大脑中谁说了算？你认为用户表面说要或不要，就是真的要或不要吗？其实要或不要既不是用户的嘴说了算，又不是用户的理性说了算，而是用户的自我说了算。不管用户的嘴怎么硬，只要自我说要，用户就会乖乖地掏钱。自我不管你是不是有钱，也不管你下个月是要吃泡面还是喝西北风，只要它想要，用户就会想尽一切办法去买。自我才是大脑中隐形的决策者。

你听说过"百事悖论"吗？研究者用两个没有标识的杯子，分别装上百事可乐和可口可乐，让被试品尝后选出喜欢的那一杯。结果发现，喜欢百事可乐的人明显多于喜欢可口可乐的人。而事实是，可口可乐的销量一直都在百事可乐之上。这就是"百事悖论"——双盲测试与实际销量不相符。

神经科学家对这种现象进行了研究。他们让被试在双盲的条件下品尝可口可乐和百事可乐。其中一组被试的内侧前额叶皮层有损伤，而另一组被试的大脑非常健康。测试中两组被试都对百事可乐表现出了偏好。接下来，研究者在两种可乐上标上了对应的标识,让被试明确知道它们分别是什么。这种情况下,被试的偏好发生了改变——由喜欢百事可乐转变为喜欢可口可乐。但是,内侧前额叶皮层受损的被试却不存在这种现象,喜欢百事可乐的依然喜欢百事可乐。这个实验证实了,真正左右大脑决策的是自我脑区,而盲测的结果并不是被试真正的选择。也就是说,选择什么是由自我脑区说了算的。

社会心理学家马修·利伯曼与他的团队的研究也证实了这一点。首先,研究者让被试观看一段关于防晒霜的短片,同时对被试的大脑进行扫描。其次,研究人员询问被试接下来对使用防晒霜有什么打算。一些被试告诉研究者,接下来会加大使用防晒霜的频率。还有一些被试根本不认同短片中的观点。

一个星期后,研究者再次联系被试,询问他们在过去一周内使用防晒霜的情况。研究人员发现,有些人增加了防晒霜的使用率,而有些人则没有。被试的实际行为与之前告诉研究人员的计划几乎没什么关系。之前说会改变的被试,使用方式并没有变化,而那些没有说要改变的被试,反而增加了使用次数。也就是说,口头表达与实际行动之间没有相关性。

那么,我们不免会纳闷,被试的行为是否会改变,与什么有关系呢?研究者通过对被试的大脑进行扫描,发现行为是否会改变,和大脑的自我区域(内侧前额叶皮层)的激活程度存在密切的关系。也就是说,被试在看到短片时,大脑内侧前额叶皮质的活跃程度,能够相当好地反映出被试下周使用防晒霜的频率。在看短片时，大脑中的自我脑区越活跃的被试，越有可能增加防晒霜的使用频率。也就是说，被试是否改变使用防晒霜的行为，与自我脑区的激活程度相关。从上述实验和研究中我们不难发现，人们能不能做出改变，受不受信息的影响，要看人的自我脑区的激活程度的高低。这些研究都表明，当大脑中的自我脑区被激活时，大脑才真正授权用户采取行动。用户要不要，是由信息激活自我脑区程度的高低决定的。

我们可以清晰地看到用户行为的轨迹——先买了什么，后买了什么，对什么参与了评论，给什么点了赞，重复地观看了什么内容，但是我们根据用户表现出的行为设计的信息、产品和营销方案却没有效果，或者说效果十分不好。这是为什么呢？这是因为我们太依赖通过用户表达出来的信息来判断用户的喜好，而没有认识到用户的表达与自我需求的不一致性。当然了，我们不能通过扫描每个人的大脑来确定信息是否有效。我们能做的就是让信息变得与自我相关，让信息能够深度激活用户的自我脑区。这就是深入研究自我的意义所在。不了解用户的自我，就无法在产品、品牌、App 的设计中让其与自我相关。信息不与自我相关，大脑就不会授权用户产生实际的行为。

大脑真正的主人是自我。那么如何把可做可不做的事情，可要可不要的东西，可用可不用的产品、品牌、App，变成必须做、必须要、必须用的呢？较为有效的方法就是让其与自我相关。

⬥ 增长第三问：大脑留存什么？

我们再来看第三个问题：用户体验、经历过后，大脑中会留存什么？答案还是自我。

以色列的一个研究团队，曾对一位出现过记忆问题的年轻女子做过一项跟踪研究。他们连续跟踪拍摄了这位女子两天的生活，这两天她过得与平常一样。在之后的几年里，研究人员每隔一段时间就让她填写一份问卷，来检验她对那两天的记忆。结果发现，时间过去得越久，她对细节的记忆就越模糊和不确定。她越回忆遥远的事情，海马体的活动水平就越低。海马体是大脑中存储记忆的地方。为什么回忆过去，海马体反而没反应了呢？难道回忆不是从海马体中提取的吗？研究发现，这位记忆出现问题的年轻女子在回忆的时候，大脑中的其他脑区的活跃度在不断地增强，即内侧前额叶区及一些相关区域。在回忆过去的时候，这些区域被激活意味着什么呢？意味着记忆随着时间的流逝，不再是对过去事情的精确提取，而是围绕自我在讲故事。回忆是在编故事，而不是在提取记忆。也可以这么理解，随着时间的流逝，记忆已经模糊甚至不存在了，留在大脑中的、沉积下来的只是自我感受——那段记忆带给我们的感受——开心的还是痛苦的等。我们对那段情景的回忆，更多时候是在围绕当时的自我感受编故事。

也就是说，体验过后最终留存在大脑中的只有自我感受。如果自我感受不存在了，那么记忆也就不存在了。"我"当时的感受不存在了,我们就没有编故事的主线了,也就是说主角缺席了。我们对过往体验和事物的回忆,都是围绕留存在大脑中的自我感觉在编故事,并不是围绕事实进行阐述和还原。比如,很多人时常会想起小时候妈妈带你去玩旋转木马的情景,如果这只是一个画面,其中没有强烈的自我感受,那么你很快就会将此画面忘记。而你之所以能够记住,能够时常想起,是因为这段记忆与一种美好的自我感觉关联。能长期留存在我们记忆里的信息,大部分与自我感觉紧密关联,是那种美好的感觉让记忆留在了我们的大脑里。

记忆中留存下来的是自我感觉,而不是事实。我们在经历中体验到的感觉,决定了我们能记住什么。自我感觉也决定了我们怎么回忆(编造)那段经历。只要自我感觉这条主线不变,我们就分辨不出是不是事实。只要感觉真实,我们就会认为事实就是那样的。那么,自我是什么?自我就是对"我"的一种感觉和认知,我们无法找到这种感觉所指的实物。如我的幸福、我的烦恼、我的态度、我的爱,你是无法为其匹配上实物的,只能找到与其相关的某种情景。

你的产品能给用户留下什么感觉呢?如果无法回答这个问题,那么用户对你的产品和信息就有可能没感觉,因为你压根儿不知道要留给用户什么。用户不断购买的行为,是被自我感觉驱动的,是自我感觉在用户的大脑中种下了执念的种子,促使用户不断地消费。所以,我们要打造的是留在用户大脑中的某种自我感觉,也就是用户对自身的某种强烈的体验,这样才能在用户的大脑中埋下驱动的种子——实现自觉自动的消费行为。我在《成瘾》一书中提到过感觉目标的概念，就是这个意思，大家可以延伸阅读。

有一点是值得庆幸的，那就是前述3个重要的问题都指向了同一个对象——自我，而不是分别指向3个对象。这在很大程度上降低了我们对用户的掌控难度。所以要想实现自增长，就必须深刻地认识和理解用户的自我，因为自我是用户行为的核心驱动力。

记住，大脑是为自我服务的机器。想要脱离自我左右用户的行为是不可能的。

// 与自我连接，搭上用户自驱力的顺风车 //

从大脑的默认模式，到大脑的决策模式，再到大脑的记忆模式，这些发生在大脑里的事情都受制于自我，服务于自我。如果你问我，自我到底是怎样的一种存在。我会回答，其实自我空无一物，只是一股力量，一种动力，我更愿意将其定义为意志。自我是关于"我"的想法、注意力、欲念、目标、信念和执念的集合。自我就是自我意志。

社会是什么？社会是一种意志模式，具体来说，是一种意志的游戏模式。社会的运作模式是服务于自我意志的。如今的商业社会是一种"买买买"的意志游戏模式。我们来思考一下，你为什么要不断地换手机，为什么一定要用某个品牌的手机，又为什么一定要穿品牌的服装，等等，这些完全是由社会的意志游戏模式决定的。人有的只是意志，将人的意志导入一种游戏模式中，就是社会的功能所在。繁荣的商业社会就是将人的意志导入"买买买"的意志游戏模式中。其实，人很多时候不知道为什么要"买买买"，也不知道如何停下来，因为人的大脑被"买买买"的意志格式化了。也就是说，每个用户的意志都是格式化的。破解这种格式化的模式，就是破解用户行为的核心驱动力。我想告诉大家一个小秘密：买买买的自我意志，在未来10年内将发生巨大变化，人们将进入另外一种模式的意志游戏中。但是不管意志游戏的模式如何变化，意志的存在形式是不会变的。

自我意志通过3种形式表现出来：自我保护的意志、自我表达的意志、自我实现的意志。在这3种意志的驱动下用户产生了自觉自发的内驱力——自驱力。自增长所指的与用户的自我建立深层的连接，就是与自我的这3种意志建立连接，就是与用户的自驱力建立连接，让其成为自我保护、表达、实现的工具和渠道，借助自我保护、表达、实现的力量来驱动平台、社群、品牌的增长。我们之所以说自增长模式下用户不再依赖外在刺激驱动行为，而是自觉自动地传播，心甘情愿地追随，这是因为一旦与自我建立连接，就形成了品牌中有我，我中有品牌的局面。与用户的自我连接，就会成为自我的一部分。用户会像展示自我一样去展示产品、品牌和信息，像自我成长一样去追随品牌和平台。在这里要强调一点，我所提到的用户的深层逻辑、深层连接、深层关系，并不是空洞的概念，而是深入自我的意志、自我的内驱力这个层面的。

我们首先来看自我保护的意志。简单理解就是，大脑认为"我"不是什么样子、"我"不可以成为什么样子的意志。

自我意志是通过感觉来影响用户行为的。若意志不能转化成感觉，就无法对用户产生影响。掌控感、确定感、自主感、安全感、驾驭感等，都是自我保护的意志要获取的感觉。获得这些感觉的时候，大脑才会感觉自我意志得到了实现。最普遍的借助自我保护的意志从用户口袋中掏钱的方式就是"贩卖焦虑"。商家通过告诉用户这不对、那不好等，让用户感到不安全、不确定、不自由。这些感觉能激活用户的自我保护意志。由此可见，自我保护的意志始终伴随着焦虑、不安、不满等负面情绪。用户为了消除心中的负面情绪，就会把商家兜售的产品当作救命稻草。用户负面的自我感觉，就是激活用户自我保护意志的开关。

其次是自我表达的意志。自我表达的意志是要表达"我"是什么样子、是怎样一种存在。"我"是什么样子，不表达出来、展现出来，别人和"我"都不会有具体的、可感的认识和感受。自我表达就是通过各种可感、可见、可操作的方式，来告诉别人或自己，"我"是怎样的人。比如，通过谈话表达自己的立场、发微信朋友圈、发布评论、穿名牌衣服等。可以说，我们穿什么、用什么、吃什么、说什么、做什么，都是在自我表达。说白了，表达就是展示自己是怎样的一种存在。现代商业社会的大部分产品都具备自我表达的功能。一个时装品牌的广告语是这样的："你需要的不只是衣服,你需要的是能够表达自己的衣服。"也就是你需要的是通过这件衣服来告诉别人或自己"你是谁,你是怎样一个人"。用户买衣服更多是为了自我表达,而不是为了遮羞保暖。

自我是一种力量,如果不让这种力量变得可感、可见、可操作,那么它对于我们来说就不存在了。用户通过自我表达,将"我"变成可感之物、可见之物、可操作之物、可量化之物。人们的所有行为,都是为了呈现、展示自我。用户的任何内在特质都需要表达才能可感,如性格、喜好、理想、信念等,这些自我的核心因素,都需要通过行为和物质的表达来变得可感。记住,我们为用户所做的一切,都是为了满足用户自我表达的需求。

最后是自我实现的意志。自我实现是"我"想成为或者将成为什么样子,也就是在未来想蜕变成一个什么样的"我"。很多时候"我"会把表达和实现混在一起来谈,但是这其中还是存在微妙的差别的。自我表达是"我"认为"我"是,然后表达出来;自我实现是"我"认为"我"不是,还没有成为,需要去完成和实现。用户为了减肥去练瑜伽,就是为了实现那个理想中美好的自我。

自我等同于自我意志。自我意志是力量,是驱动我们的躯体去想、去做的动力。这种动力是服务于自我的——保护、表达、实现自我。自增长就是借助自我保护、表达、实现的力量——驱动自我成长、发展的力量——来实现商业上的增长的。一旦自我把信息、产品、品牌、App 当作保护自我、表达自我、实现自我的渠道，那么你就大功告成了，自我就会自觉自动地传播和追随你。

// 千人千面 VS 万人一面 //

我们知道了左右用户行为的深层驱动力是自我，那么自我到底是怎样一种存在呢？本书会将自我的样子一笔一笔地勾勒出来，对自我进行一次全面立体的刻画，让自我的样子清晰地展现在你面前，让你更加直观了然地驾驭自我这股无形的力量。

自我画像就是用户自驱力的画像。那么，这就会产生一个问题：自我画像与用户画像存在怎样的区别呢？

用户画像的原则是千人千面，从千人千面的字面意思我们也可以理解，千人千面追求的是每个用户的画像。但是千人千面更多的是通过对用户表面可见、可得的信息，如性别、年龄、工作、地域、收入、婚姻状况、家庭关系、消费水平、爱好、着装、目标、价值观、行为习惯等，来对用户进行行为模式的刻画，获取用户画像，从而预测用户的需求、喜好、行为轨迹。

我们对各种用户系统的研究检测发现，采用千人千面的画像模型构建起来的用户数据系统存在诸多局限和弊端，如本书开篇提到的用户大数据的"八宗罪"。之所以存在这些弊端和局限，归根到底是因为对用户的深层认知不够，对用户的深层动力模式认知不够，所以无法实现自增长。

每个人都是用户，用户是千差万别的。但是千差万别的用户都被同一种力量操控着，它就是自我。虽然每个用户都是不一样的，但是他们的内在自我模式是一样的，也就是"万变的用户不变的自我"。自我画像是对千变万化的用户中那个不变的东西，那个统一的、一致的、最本质的、深层次的东西的画像。自我画像就是要画出"万人一面"的自我。自我是每个用户灵魂深层、人性深处存在的、不可见的、隐秘的掌舵者，它是每个人行为的自驱力。所以我们要想影响千差万别的用户，就要能够操控驱动大脑运作的深层动力——自我。

每个用户的自驱力都是一样的，都有8张画像，这8张画像左右着用户的自觉自发行为。我们掌握了用户自驱力的这8张画像，也就掌控了每个用户最根本、最核心的行为动力。

用户自驱力的8张画像分别如下。

用户自驱力的第1张画像：物质我与精神我之间的画像。画像原则：连接原则。

用户自驱力的第2张画像：中心我与边缘我之间的画像。画像原则：相关原则。

用户自驱力的第 3 张画像：现实我与理想我之间的画像。画像原则：对立原则。

用户自驱力的第 4 张画像：自控我与失控我之间的画像。画像原则：限制原则。

用户自驱力的第 5 张画像：共性我与个性我之间的画像。画像原则：价值原则。

用户自驱力的第 6 张画像：镜中我与心中我之间的画像。画像原则：一致原则。

用户自驱力的第 7 张画像：理性我与感性我之间的画像。画像原则：情感原则。

用户自驱力的第 8 张画像：当下我与过去我、未来我的画像。画像原则：路径原则。

我们对用户实施的每一次影响，遵循的原则都脱离不了这 8 张画像。只有对用户自驱力的这 8 张画像进行深入的研究和内化，才能使我们设计的用户策略精准、科学、高效、持续。

用户画像画的是需求模型，自我画像画的是自驱力模型。这就好比通过用户画像，我们可以知道一个用户的年龄、性别、职业信息、婚姻状况、消费行为等信息。比如，某个用户是一个 33 岁、拥有高收入的年轻妈妈，系统会向这个用户推送儿童用品，或者向她推送高端品牌的服装等。这是通过用户画像能做到的事情。但是为什么反复向她推送了很多商品，用户都没有产生消费行为呢？这是因为没有形成用户的自我画像。用户画像只能反映用户需要什么，喜欢什么，却不能反映驱动用户满足需求和喜好的深层动力。系统不知道用户在看到推荐的商品的时候，如何触发和驱动其产生购买行为。自我画像是用户行为的动力画像。只有掌握了自我画像的模型，才能做到想让用户买什么，用户就会买什么；想让用户何时买，用户就会何时买；即使用户不需要，也能让用户买。

万人一面的自我画像与千人千面的用户画像，存在最根本的区别。用户画像依赖用户的行为数据来预测用户行为，是一种被动的、滞后的、存在很大局限性的画像模型。而自我画像是了解用户深层动力，积极主动塑造用户行为的画像模型。千人千面画的是皮毛——收集的是用户表面的、表现出来的、直观的数据，是追在用户屁股后面的跟随模式。万人一面画的是内在核心——抓住用户自我内在涌动的力量，站在用户前面主动塑造用户的塑造模式。千人千面是对用户行为被动地追随，而万人一面是对用户行为积极主动地塑造。万人一面适用于每个用户，而千人千面只适用于某个人。要想真正掌控用户行为，就要既能画出用户的千人千面，又能画出用户的万人一面。有了对用户万人一面的深层理解，千人千面才会变得更加智能、更加有效、更加科学。不然我们对用户的理解和对用户数据的利用，将永远存在局限。

用户自驱力的第 1 张画像：
精神我 VS 物质我

·画像原则：连接原则·

// 什么是自觉自动行为的驱动力? //

用户自驱力的第一张画像是精神我与物质我的画像,它是体现自我与物质世界关系的一幅画像。这张画像向我们呈现了自我与物质世界是怎样一种依存关系,是什么动力驱动用户对外在物质产生了无限渴望。

自我由两部分构成,一部分是内在对自我的认知,我们称它为精神我;另一部分是外在一切与"我"有关联的事物,我们称它为物质我。精神我是我们认为自己是怎样的人,如聪明的、勇敢的、富有的、积极的、有责任心的、邪恶的、丑陋的、失败的等。它是隐秘在大脑中不可见的、无法衡量的"我",是一种内在的自我认知和感受,也可称作内在我。物质我是指与"我"有关的外在事物,也可以说是外在我,如"我"的金钱、权力;"我"的所有之物,包括房子、车子、衣服等。精神我和物质我都能驱动用户的行为。

在这里我们思考一个问题:精神我与物质我,哪个对用户的影响更大呢?这个问题可以转化成,内在奖励与外在奖励,哪种奖励对用户的影响比较大呢?这样问,大家更容易理解一点。因为人的行为都是有目的的——通过获得内在的奖励或者外在的奖

第二章 用户自驱力的第 1 张画像：精神我 VS 物质我

励，来表达和实现自我。如果行为没有反馈（奖励），行为就不存在了。行为的反馈（奖励）是塑造自我的核心动力。人的行为的反馈有两种：一种是有形的、外在的，如金钱、礼物等；一种是无形的、内在的，如赞美、认同、自我感觉等。那么，外在奖励与内在奖励，哪种奖励对我们影响更大呢？用户更依赖内在奖励还是外在奖励呢？是内在的某种自我感觉还是外在的某种可见之物？

我们来看心理学家爱德华·德西曾做过的一个实验：让被试做一些有趣的智力测试题。这个实验分为 3 个阶段。

第一阶段，所有的被试都无奖励。

第二阶段，将被试分为两组，第一组被试完成一个难题可得到 1 美元的报酬，第二组被试与第一阶段相同，没有任何报酬。在这个阶段，有奖励的第一组解题很努力。

第三阶段，进入休息时间，被试可以在原地自由活动，也可以继续解题，由自己自由决定。结果，在第二阶段有奖励的一组，休息时间继续解题的人数很少，这表明被试解题的兴趣在减弱。而一直没有奖励的第二组被试有更多人在休息时间还自觉自动地解题，这表明他们解题的兴趣在增强。

首先我们要明白一点，人们无论从事什么活动，都需要从中获得奖励（反馈），不然人们是不会做这件事情的。解题兴趣一直不减的被试，其实并没有得到金钱的奖励。他们之所以能持续解题，是因为他们从解题中获得了内在奖励——每做对一道题都会得到"我很聪明、很厉害"的自我反馈。

从这个实验我们可以发现，当内在奖励转变成外在奖励时，外在奖励会抑制被试解题的兴趣。也就是说，外在奖励降低了解题的吸引力。

看完这个实验，你是否能意识到是什么在驱动着人们自觉自动地产生某个行为或做某件事？答案就是内在奖励——精神我，也就是对自我的认知和感受——自我感。认识到这一点，就抓住了自增长的核心。

当然，外在奖励也可以驱动用户的行为。但是，外在奖励对用户行为的驱动是有限的、可衡量的、无弹性的。它与行为的关联是硬性的、没有弹性的。外在奖励一旦与行为产生关联，就会对行为产生直接的、硬性的影响。如果外在奖励消失了，行为就会随之消失。实验中正是这种外在可量化的奖励的消失，抑制了被试解题的兴趣。也就是说，外在奖励破坏了被试自觉自动的行为。

我们来看瑞幸咖啡的案例。瑞幸咖啡采用 5 折优惠的策略来刺激用户消费，明显是失败的策略。将消费行为和具体的回报绑在一起，本身没什么问题，关键是看用户能不能永远 5 折喝咖啡，5 折能不能对商家的盈利模式产生良性的影响。从现实来看，显然是不行的。商家更多的是为了采用 5 折优惠来刺激、激活用户的消费行为，但是这种有限、量化的刺激策略一旦消失，用户的

第二章　用户自驱力的第 1 张画像：精神我 VS 物质我

购买行为也会随之消失。这就是这种策略的弊端。这种策略不具备持续性，不能让用户产生自发行为，反而会让用户对这种直接的、可量化的奖励产生依赖。当商家将品牌与某种可以量化的、有局限的奖励捆绑在一起的时候，就等于在抑制用户的自发行为——自觉自动地去消费该品牌。这就等于商家在自己的脖子上勒了一根绳子，随时可能会把自己勒死。

针对没有绑定信用卡的用户，美团会时常弹出"绑定信用卡奖励 10 元"的提示信息。你认为 10 元钱的奖励，会促进用户的绑卡行为吗？这种奖励策略是不会实现绑卡的用户增长的。因为 10 元钱是有限的、可量化的奖励，对用户来说，自己的信用卡信息是不可量化的财富。商家用非常有限的、有形的，而且是可以量化的物质奖励，来换用户不可量化、价值不确定的财富，这种不对等的交易，用户当然是不会做的。还有一些平台，用奖励积分的形式鼓励用户参与各种任务。积分奖励也是外在奖励，也是可以量化的、有形的、有限的奖励，它对用户的激励作用也是非常有限的。

当然，我们不能说物质奖励完全弱于精神奖励。我们讨论的核心，是用户与商家的关系。在这两者的关系中，商家永远试图用最小的付出获得最大的回报。如果商家能够推出绑定信用卡奖励一部手机，或者奖励 1000 元现金的制度，大部分用户都会抢着绑定信用卡。但是这种美事是不可能发生的。绑定信用卡是为了什么？不就是为了方便用户花更多的钱，方便商家挣用户更多的钱吗？！我们研究的是在有限的奖励下，如何更有效地促进用户与平台的深层互动。

我们一定要牢记这两种奖励模式的属性，才能知道什么样的用户策略是有效的、良性的，什么样的策略是无效的、恶性的。在这里我们再梳理一下这两种奖励的性质。

内在奖励（激活精神我）：不可量化的、有弹性的、隐形的，它能驱动用户自觉自动的消费行为。任何没有与用户产生精神我连接的产品和品牌，都不会让用户对其产生自发行为。

外在奖励（激活物质我）：可衡量的、可见的、无弹性的，它会让用户的行为变得被动。它对用户的行为既有驱动作用，又有抑制作用。存在奖励或奖励较大的时候，会驱动用户的行为；没有奖励或奖励较小的时候，会抑制用户的行为。

2 // 画像原则：连接原则 //

精神我和物质我在不同程度上都会对用户的行为产生影响。具体借助哪种力量来驱动用户的行为，要看我们想要的影响是长期的还是短期的，是自发的还是依赖的，是表面的还是深层的。对自增长来说，我们的目的肯定是借助少量的投入撬动用户的持续消费——最好是无投入就能实现对用户行为的持续影响。要达

第二章 用户自驱力的第 1 张画像：精神我 VS 物质我

到这样的目的，就需要我们精准地把握好精神我与物质我这一用户自驱力的画像原则——连接原则。

在前文的实验中，休息时间仍能自觉解题的被试，其解题行为与内在我奖励的关联，是如何建立起来的呢？他们愿意解题，是因为解题等于自我感觉良好——解题让他们感受到自己是聪明的。也就是说，解题行为连接着自我良好感觉。不愿意在休息时间解题的被试，是因为金钱奖励阻隔在了解题与自我良好感觉的连接之间，转化成了解题——金钱——自我良好感觉，这三者之间的连接。当金钱奖励不存在时，与金钱奖励关联在一起的解题行为就会消失。归根结底是因为金钱这种奖励没有弹性，导致金钱与解题行为的连接也没有弹性。而这两者的连接没有弹性，最根本的原因是金钱的价值没有实现扩展——1 美元只代表 1 美元。奖励被试 1 美元，那么这 1 美元只是成了"我"的 1 美元——物质我的一部分，那么它的实际价值和意义就还是 1 美元。要让金钱这个因素具有弹性，就要给金钱这个奖励赋予实际价值之外的意义，也就是让其与精神我建立连接——明确它与自我的关系。

蒙莫斯大学心理学家为了搞明白什么因素会影响到顾客给的小费的多少，就让服务员在给顾客账单的时候，随手递给顾客一颗包装精美的巧克力。结果发现，顾客给的小费比没有得到巧克力的时候平均增加了 2% 左右。接下来，研究人员把这个版本作了升级，让服务员在给完顾客巧克力后，迟疑一下对顾客说："您是一位非常善良的顾客，一颗巧克力并不够。"随后又给了顾客一颗巧克力。结果发现，给了顾客两颗巧克力的服务员比给一颗的服务员拿到的小费要高很多。这个实验就是让巧克力这个普通的、可量化的物质奖励与深层自我发生关系，这样顾客会更愿意给服务员更多小费。通过这个实验我们发现，给顾客一块巧克力，对顾客的影响是有限的，但是当这块巧克力的意义直接与顾客的精神我连接的时候，巧克力的价值就大大提升了。这样一来，送巧克力的行为就能大大刺激顾客给小费的行为——给更多小费。

解题的实验中，如果 1 美元与被试是个怎样的人（更优秀的人）连接在一起，就能大大提升 1 美元的价值和意义，如奖励被试 1 美元是因为他们努力地解题，他们是努力的人。这样一来，"我"是个怎样的人，如"我"是个努力的人，就成了获得奖励的价值和意义。这样一来，1 美元就能驱动被试自觉自动的行为。

外在事物成为物质我的一部分，并不能驱动用户自觉自发的行为，只有与精神我紧密连接在一起，成为精神我的一部分，才能驱动用户自觉自动的行为，这就是精神我和物质我这张用户自驱力画像要遵循的连接原则。也就是任何形式上的、可量化的、可见的、有限的外在奖励，都要与用户是怎样的一个人连接在一起，才能激活用户的自发行为，用户的行为才会变得可持续。

在传统的用户增长模式中，从获客、激活、留存到变现、裂变，整个过程中更多的是在运用有形的、有限的、可量化的刺激手段。从下载 App 奖励 10 元钱，到给用户 10 元钱让用户转给好友，再到优惠 10 元钱刺激变现，这些都是有形的、可量化的奖励模式，整个过程没有完成从有形价值到无形价值的转化——奖励没有与精神我建立连接。这样的增长过程更多的是在培养用户占便宜的习惯,而不是在激活用户积极正面的自我。所以,这样的增长是依赖性的,是靠"烧钱"和"割肉"实现增长的模式。我们将这种增长模式叫作陀螺式增长。要让陀螺转起来,就需要不停地"抽"它。只要一停,它很快就不转了。

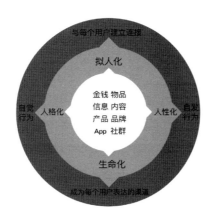

我们来看两个自我驱动增长的品牌:苹果和星巴克。用户买苹果手机,更多的不是为了它的实用价值,人们去星巴克也并不只是为了喝咖啡。用户消费这些产品,更多的是为了与产品紧密连接的精神我——我是怎样一个人,这些产品都能让用户体验到一个"高大上"的精神我。一旦产品和品牌与用户的精神我建立连接,产品和品牌就成了用户自我表达的一种工具,就完全超越了产品本身的实际价值。

用户追求外在事物,大部分时候都是为了感知自我。"我"是诚实的、为他人着想的、时尚的、有爱心的,等等,怎么证明呢?大部分人格化的特质都是模糊的概念,如果不与具体的行为和事物连接在一起,用户就没有存在感和自我感。用户之所以认为自己是个时尚的人,是因为他穿了商家赋予了时尚概念的衣服;之所以认为自己是个成功的人,是因为他有份高薪的工作;之所以认为自己是个诚实的人,是因为他从不在朋友面前食言等。有研究发现,人们是非常愿意失去金钱来谈自我的。人们挣钱和花钱更多的是为了感知自己是个怎样的人。外在事物是让精神我变得可感、可知、可见、可操作的渠道。用户为了自我感,需要不停地积累和表达,与外在事物建立连接。

现代商业创造价值的方式,就是与用户的内在我建立连接。那些实现自增长的社群、品牌和 App,都已经成为用户自我表达的渠道。用户每一步的深入使用和操作,都能从中体验到优越感。

记住,我们创造、设计的,是用户的精神我与这个世界的连接,不是别的。之所以与精神我连接能够提升连接的弹性,是因为与自我连接能让用户体验到快感,连接的是一种自我的认同和感受。牢记一点,一个行为、一个事物,如果不能影响用户的自我感觉,就会变得空洞乏味。

// 与自我连接的方法:人格化 //

与精神我连接最重要的方法就是人格化。人格化是指将描述产品或者品牌信息的情景、语言、画面用描述人的方式展开。人格化后，产品、信息、品牌就有了人的属性。人格化给用户的感觉是在与一个活生生的人互动，会让产品变得有温度、有生命力、可互动，不再是冷冰冰的产品和信息。人格化后的产品、信息、品牌具有了深刻的内涵、情感。用户喜欢依附强大、有力量、积极、正面的事情，在信息、产品、品牌中融入积极、正面、强大的人格品质，就有了与精神我建立连接的资本，这意味着用户可以借助信息、产品、品牌、App 来表达自我——让信息、产品、品牌、App 成为用户展现和感受自己是怎样一个人的渠道。打造信息、品牌、社群、App，最核心的目的就是打造具有人格化魅力的形象和理念。下面和大家分享几种人格化的方法。

用人格属性定义行为和产品属性

人格化的第一种方法：用人格化的属性定义行为和产品属性。如果商家想鼓励用户每天早上喝一杯咖啡，只是让用户因为有个 5 折券要过期了而选择喝咖啡，那么 5 折喝咖啡连接的就是便宜。虽然这也与用户的精打细算关联在了一起，但是与精神我的连接是比较薄弱的。要想让喝咖啡的行为与精神我产生紧密的连接，就需要重新定义喝咖啡的行为，为喝咖啡赋予新的意义和价值，重要的是这个意义和价值要能够体现"我"是怎样一个人。如果改成"每天都要元气满满"，喝咖啡这种行为就与精神我建立了深层关系。喝咖啡的行为是为了激活和唤醒自我，是为了遇见那个能量无限、精力充沛、理想的"我"。需要强调的一点是，这里要连接的人格属性应该是积极、正面、乐观的。

自增长：让每个用户都成为增长的深度参与者和积极驱动者

有些产品会采用带有人格特质的词汇来定义产品的属性，如把红色叫作战斗红，把蓝色叫作颓废蓝，把绿色叫作青春绿等。这样一来，颜色就被注入了某种灵魂，就与人紧密地连接在了一起。如果只是说红色、蓝色、绿色，那么它就只是指一种颜色，而没有与用户建立连接。

平台或社群为了实现用户裂变，会用积分或者现金作为奖励，鼓励现有用户转发分享。这种奖励能有效促进用户的转发行为吗？其实效果是非常有限的。但是如果用积极正面的人格属性来重新定义用户转发或分享的行为，就会大大提升转发的概率。如果是关于儿童健康的内容，就可以将用户的转发和分享行为定义为传递爱，让用户深刻体验到自己是有爱的人，是传播爱的人。这样的策略表述得当的话，用户分享和转发的意愿会远远高于得到几个积分、几块钱等有形奖励时的意愿。要想调动用户的积极行为，首先要提升用户行为的价值，而要想提升用户行为的价值，就要用积极正面的人格属性定义用户的行为。

◊ 用人的口吻来表达

在与用户沟通时，要以人的口吻与用户沟通。滴滴出行的广告——"今天坐好一点"——的旁白是这样的："如果生活是苦的，至少梦想是牛的，全力以赴的你，今天坐好一点。"这个广告就像一个很理解用户又很关心用户的家人在与其对话。滴滴为用户提供方便，让用户感觉生活还给他留有一席之地，并不都是"苦"。这一席之地能让用户疲惫的身心得到暂时的休息,接着继续前行。这里要明确一点,不同的产品和品牌要采用不同的口吻,也就是说,不同的品牌和产品面对不同用户要扮演不同的角色,如儿童产品与用户沟通最好采用老师、妈妈等权威的口吻,这样用户会更容易沉浸在这种对话中。

用塑造人的方式塑造品牌和产品

其实真正对用户产生吸引力的文案和信息,是会被用户当作人来理解的。在设计品牌信息和产品的时候问问自己:"我要塑造一个什么人物形象?青春少女?精英?爱人?探索者?挑战者?开创者?……"因为打造品牌和产品就是在打造人物形象。

李维斯(Levi's)一开始是为粗犷不羁的淘金工人设计牛仔裤的,它打造的是一种独立、自由、冒险的人物形象。后来由于好莱坞的性感偶像在其塑造的荧幕形象中穿了 Levi's 的牛仔裤,Levi's 又塑造了一个个性与叛逆的人物形象。而现在 Levi's 代表了性感、青春、活力又永不落伍的人物形象。品牌可以根据时代的不同来塑造符合时代属性的人物形象,不需要一成不变,重要的是能与当下人群的自我进行高效的互动。

人格化的品牌形象背后关联着一些人格属性,即什么样的人就要做什么样的事。可口可乐尝试改变配方失败了,但是相较而言,人们对百事可乐要宽容得多。不管百事可乐推出什么新奇的口味，用户都觉得可以接受也愿意尝试。这是为什么呢？原因是百事可乐在用户心中塑造了一个青春、热烈的形象。这种形象背后关联着挑战、冒险、探索、尝试等属性。而可口可乐百年不变配方，一直遵循传统，在用户心中塑造了一个古典、传统、经典、严谨的人物形象，这样的形象背后关联着保守和坚守传统的人格属性。所以，轻易改变配方会令用户产生错乱的感觉。

人格化的过程中，切记避免负面的人物形象。可以可爱，但不能小家子气；可以从众，但不能没有主见和独立的自我；可以"高大上"，但不能通过贬低他人来抬高自己……用户把品牌当作人来理解，不要让用户感觉品牌塑造了一个令用户讨厌的人。

如果一个品牌和产品没有形成一种人格特性，它就没有与用户的自我建立连接，就永远只是产品本身的实际价值，不会产生高溢价。因为产品实际的价值是可以衡量和计算的，而自我价值是不可以衡量和计算的。

◊ 高于自我的人格化

所有能被自我抓住的品牌、产品，都是因为用户感觉其能表达自我，体现自我价值，或者其高于自我，值得自我依附。因此，在人格化的时候要遵循两个原则——表达性和超越性。当用户感觉这种行为能表达自我的时候，就会积极地参与和重复这种行为。当品牌高于用户自我的时候，用户就会渴望得到、渴望表达，这也是人们排队买苹果手机、晒苹果手机、去星巴克店里喝咖啡，或者拿着星巴克的咖啡拍照、发朋友圈的原因。只有当品牌和产品能表达用户的自我和超越用户的自我的时候，用户才会想要深度体验和持续消费。

用户的自我是通过物质来外显的。高于用户自我的品牌和产品形象才会被用户借助来表达自我。如果物质低于用户的自我，用户就会认为品牌和产品不但不能表达自我，反而会贬低自我，用户会避而远之。简言之，商家要做的就是在用户的心中树立起超越用户自我的人格象征。

// 让连接变得具有黏性的方法 //

◊ 添加辅助连接

让物质我与精神我的连接变得富有弹性的第一个方法，就是添加辅助连接，这样就会让物质我与精神我的连接变得可持续。

很多大 V 告诉你流量在抖音，下一个发财的机会在抖音，让你感觉做抖音就可以达到人生巅峰。他们让你在做抖音与成功人生之间建立了连接。为了让你投入更多精力和物力去做内容，他们在设计这条主连接时，一般会设计一条或者多条辅助连接。辅助连接提升了主连接的韧性和弹性，如你要坚持每天发一条视频，你要打造自己的人设，你要做垂直领域的内容……当用户信心满满地做了几条视频后，发现根本没人看、不涨粉，别说人生巅峰了，恐怕都要凉透了。用户在有了想要放弃的念头时，辅助连接就会发挥作用。用户会想可能是自己的人设不够好，内容不够垂直，于是会重新燃起奔赴人生巅峰的欲望。

主连接是目标，而辅助连接是实现目标的方法。实现目标是可以有很多途径的。主连接建立起来后，作为商家，就要为用户不断地提供辅助连接。添加辅助连接不但会让主连接更有弹性——不断完善辅助连接来成全主连接，同时辅助连接会对主连接起保护作用，使其在用户的大脑中不会断联——用户不相信主连接存在。辅助连接会让用户认为即使做抖音没有成功，也不是做抖音不能成功，而是自己的辅助连接完成得不够。即使放弃了，也是辅助连接的问题，而不是主连接本身存在问题。

记住一点，设计辅助连接要指向用户自身的能动性——也就是在很大程度上依赖于用户的努力和付出。这样一来，用户才不会怀疑主连接，而是怀疑自己的努力程度、能力，以及其他条件。

◊ 强调用户自我感觉，而非实际利益

让连接变得富有弹性的第二个方法，就是强调用户自我感觉而非实际利益。也就是要让用户充分感受自我的价值感、优越感

和认同感,即让用户自我感觉良好,而非给用户可见、可衡量的奖励。

前文中我们说过,美团用户绑定信用卡可获得 10 元钱的现金奖励。这种做法对用户来说仅仅是 10 元钱。如果把这 10 元钱换成会员权益,用户就会更愿意绑卡。权益代表着特殊待遇和权利,能够体现自我价值、自我优越感。如绑卡后,可以获得一定等级的会员身份,可以享受一定次数的免费送餐、一定次数的免费排队,或者是一定次数无条件退换货等会员权益。用户会感觉自己得到的是一种特权,而不是具体的东西。从长远来看,平台一定不要轻易运用现金或者积分这种具体的可量化的奖励。因为钱少了用户看不上,对用户没有吸引力;钱多了平台给不起。

京东的 Plus 会员每年都需要交 100 多元的会员费,它给用户的是什么?是各种用户权益,如每次消费都可以领优惠券等。其实京东与天猫相比,除了物流上的优势,还有会员系统的优势。京东的会员系统的确让很多用户与京东牢牢地绑在一起。因为会员权益是一种身份的象征和优越的体现。科学地设置会员权益才能将有限的、可量化的、硬性的奖励,转变成无限的、软性的、更具价值的奖励。前文中我们也说过,人们更愿意用钱换关于自我的一些好听的话,因为这会让人们自我感觉良好。可想而知,商家给用户一点小恩小惠,根本抵不上给令用户自我感觉良好的东西——会员权益。

未来商业的竞争就是用户系统的竞争,谁的用户系统能与用户建立深层连接，谁的竞争优势就更大。而用户管理系统的一个重要部分，就是用户权益的设计和实施，这是一个 App、社群、品牌的核心价值体现。而值得庆幸的是，我们可以通过设计来给用户想要的感觉，而不是用真金白银去硬夯。记住，没有与用户的自我紧密关联的用户系统，就只能是一个卖货的平台、满足用户功能需求的平台，注定不会实现自增长，只会随着时间的流逝被淘汰或者被替代。只有与用户建立深度连接才能提升平台的黏性。

◊ 建立随机连接

第三个让连接变得具有弹性的方法，就是让连接变得随机。也就是说，奖励有没有是不确定的，奖励有什么是不确定的，奖励的大小是不确定的。不确定并不单指有没有奖励，它涉及的层面是比较宽泛的。让连接变得随机，也就是行为反馈的不确定因素比较多，具有较大的随机成分。前文中关于做题的实验中，每做对 1 道题就会有 1 美元的奖励，这是硬性的奖励，要让这种因素变得有弹性，就要让奖励变得随机，也就是有时有，有时没有；有时多，有时少等。

近年来盲盒经济在国内大热。从玩具盲盒、零食盲盒，再到文具盲盒、景区盲盒，各类盲盒产品层出不穷，深受广大消费者喜爱，尤其是年轻消费者。正是其中的随机性让用户欲罢不能。盲盒中不确定有什么，但是购买了就有可能获得惊喜，不购买就一定没有惊喜。随机的连接，是不确定中又存在确定性，是让一个连接变得具有弹性的重要方法。随机的连接中有两个因素能够提升连接的吸引力和韧性：一个是努力的因素，努力是一个自助因素；另一个是可能性的因素，也就是幸运的因素。努力才能创造幸运感，就比如说抢购这种形式，能不能抢到是不确定的，这种不确定增强了抢到后的幸运感。而积极抢购的行为，提升了用户努力的因素。因此，通过抢购得到产品，用户就会很兴奋、很开心。努力可以增强用户的期待感，幸运则提升了用户的自我优越感。让努力和幸运的成分各占一半，就可以大大提升产品、社群、App 等对用户的吸引力。由此可见，一个具有弹性的连接，是努力和幸运两者完美组合的结果。

◊ 用户能够自由连接

第四个让连接变得具有弹性的方法，就是用户可以自由连接。前文的实验中解题奖励 1 美元，这是一个建立在外在力量上的奖励，这种奖励需要他人给予。也就是说奖励不能自给，需要借助他人才能完成解题行为的反馈。而休息时愿意解题的被试，是因为他们解题行为的反馈与行为本身紧密连接在一起，不受外力影响，只受个人行为影响。被试感受到自我的良好，就会自觉地去解题。由此可见，让连接变得具有弹性的另一个条件，就是行为与反馈形成闭环，直接关联，不存在外力因素的干扰。

会员权益就是一种能够自给的连接机制。当我们想要享受会员待遇的时候，就可以享受这些权益。比如，京东的会员权益中每购买满 105 元可以减 5 元（通过会员权益领取满 105 元减 5 元的优惠券）就是一种自给的行为。而且这些权益是会过期的，每个月只有几次。要不要享受这些权益，完全取决于用户自己，这大大提升了会员权益的价值。自给可以让用户自由连接——用户想感受美好的感觉时就连接一下。

物质我和精神我的这张画像，是最基本的画像。在这张画像中我们一定要明白，任何信息、产品、品牌、社群、App 都是在与人互动。用户愿意互动，是因为信息、产品、品牌、社群、App 等能为"我"所用——成为自我的一部分。而要想成为自我的一部分，事物就需要具有人的属性——有生命的，有力量的，具有人格魅力的，而不是冷冰冰的数字、图形、信息、界面，以及产品本身。

用户自驱力的第 2 张画像：
中心我 VS 边缘我

·画像原则：相关原则·

// 画像的原则：相关原则 //

自我的结构就像洋葱，一层一层剥到最后，我们会发现里面什么也没有。而这个什么也没有的地方就是自我的核心。也就是说，自我的核心空无一物。自我的核心是"我"对自己是怎样的人的一种感觉，特别是"我"是一个好人还是坏人，对的人还是错的人，赢的人还是输的人等。"我"是怎样的人，能让用户体验到一种强烈的自我感，如自我优越感、价值感、重要感、掌控感、成就感等。也就是说，自我感就是自我的核心，也就是中心我。反过来说，中心我就是自我感。

那么什么是边缘我呢？边缘我就是洋葱皮。它包括与自我相关的属性、自我认知和视角、与自我相关的事物等，如"我"的名字、性别、年龄、职业、朋友、爱好、身份、地位等。"我"的这些边缘信息"包裹"在自我（中心我）的周围，如果它们不能与中心我发生关系——令"我"产生强烈的自我感，就毫无价值。也就是说，与边缘我相关的大部分信息都处于睡眠状态，用户对其是无感的。

第三章 用户自驱力的第 2 张画像：中心我 VS 边缘我

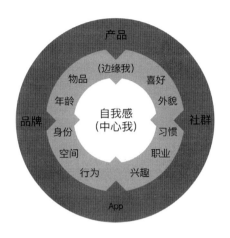

达特茅斯学院的社会神经学家曾做过一项研究，他们让被试看一些描述人品行的单词，如不诚实、出尔反尔等。在被试看到这些词的时候，研究人员会问他们两个问题。拿"出尔反尔"一词来说，一个问题是"出尔反尔"这个词能用来描述你吗？另一个问题是"出尔反尔"这个词能用来描述美国总统吗？通过对被试的大脑进行扫描，研究者发现当问题与自我相关时，被试大脑与自我相关的脑区就会被激活。而当被问到别人的时候，被试自我脑区并不会被激活。也就是说，当信息与"我"是怎样一个人关联的时候，信息就会变得重要，就会对"我"的行为产生影响。相反，与自我无关时，信息对被试的影响就是微弱的。

中心我与边缘我这张用户自驱力画像要遵循相关原则。相关原则是指让事物和信息与用户的年龄、职业、朋友、爱好、身份、行为等边缘我相关，从而达到与中心我（自我感）相关的目的——让用户感受到强烈的自我感。事物和信息与边缘我的相关性越大，与中心我的关系就越紧密，对用户的影响就越大。信息与中心我的关系直接决定着用户自我感的强烈程度。

如果精神我和物质我的用户自驱力画像是让物与更多用户建立连接，让用户感受到物与"我"的相关性，那么边缘我和中心我的这张画像，就是让物与某个用户的某种属性建立连接，是让用户感受到物与某个人的相关性，从而让用户体验到强烈的自我感。一定要记住，自我感才是直接影响大脑的核心因素，以及驱动用户行为的核心动力。要想从深层次影响用户的行为，就要提升用户的自我感。

我们要明白一点：所有的产品无一例外都是通过提升与自我的相关性来提升产品价值的。就比如在线教育产品，如果只是老师坐在屏幕前讲课，对孩子们的吸引力并不大，这样的课与线下课相比，其价值也是有限的。还有一种授课方式是以动画片的形式，但是用户看完又会认为花十几块钱看一集动画片不值，虽然过程中也有互动。要想提升课程的价值，就需要提升课程与自我的相关度。就比如点孩子的名字，把孩子的角色导入其中，等等。课程与自我相关，才能提升每个孩子参与其中的自我感，才能提升对孩子们的吸引力，这是每个平台和商家都必须精修的技能。

当一件看似离我们很远的事情让我们感觉就发生在自己的身边的时候，这件事情就进入了中心我的范畴，就会对我们产生影响。水滴筹为那些遭遇重大疾病需要帮助的人提供了有效的筹款渠道。这种方式之所以有效，是因为平台借助熟人背书，不仅解

第三章 用户自驱力的第2张画像：中心我 VS 边缘我

决了人们的信任问题，最重要的是它让一个筹款行为与用户的中心我密切相关。我们朋友圈的人，更多的是自己的亲人、好友、同事，或者有某种关系的熟人。这些人都与我们存在千丝万缕的关联。当一个筹款项目被朋友圈的熟人转发或者参与后，看到的用户就会有一种强烈的触动感，会意识到这样的不幸就发生在自己身边。水滴筹借助朋友圈人与人之间的结构模式，让每个看到筹款项目的人都能感同身受——感受到悲剧与自我的相关性。这种模式让一件原本与自我并不相关的事情变得紧密相关，提高了大家捐款的积极性。这种相关性让人们感受到这样的事情随时可能发生在自己身上。这就是水滴筹成功的根本所在。接下来我们就来看看，如何借助各种方法来让事物和信息与中心我相关。

// 如何提升用户的自我感？//

◊ 与边缘我的姓名、相貌相关

与边缘我那些比较稳定的属性相关，会大大提升用户的自我感，从而实现向中心我收缩的效果。

有一次在星巴克买完咖啡，服务员问我贵姓。我愣了一下，说:"姓程。"只见她用笔在杯子上写了"程先生"的字样——他们是怕人多搞混了,才在杯子上标上了姓氏。这样咖啡做好后,他们会根据姓氏呼叫"程先生,您的卡布奇诺做好了",而不是"您的卡布奇诺做好了"。用户的姓氏是一种处于睡眠状态的边缘我信息,如果不与自我感觉相关,那么它对用户的行为就不会产生影响。在杯子上写上用户的姓氏,就是利用边缘我的属性向中心我收缩——让用户体验到强烈的自我感觉,以此来影响用户的行为。最关键的是,当服务员在称呼用户"程先生"而不是"先生"的时候,用户的自我感就会提升——感觉自己被尊重、被重视。

可口可乐曾在国外的一些市场推出过包装上印有常见名字的可乐,如迈克、杰克等。在国内也推出过姓氏包装的可乐,如在包装上印陈先生、赵先生、张先生等。这样的设计让可口可乐的销量实现了新的增长,这也是通过实现与用户的边缘我属性相关,让用户感受到强烈的自我感的一种方式。

还有些服装销售员,在顾客试衣服的时候会对顾客说"这个款式很适合您的脸型""这个颜色很衬您的肤色",等等。这样做也是为了让产品与相貌这个边缘我属性相关,从而让用户感觉

自己很有眼光，这件衣服就是特意为自己设计的。这种强烈的自我感觉会大大提升用户选择的确定感和价值感，从而毫不犹豫地买下。

◊ 空间上的相关

边缘我并不是一成不变的，而是会随着用户的变化而变化。用户在不同的空间会创造出不同的边缘我属性，如上班的空间、生活的空间、出游的空间、学校的空间等。在空间上与自我相近、相似、相同，就有了自我的属性。如果这些属性没有让用户产生强烈的自我感，而是处于休眠状态，那么对自我行为的影响就会非常有限。那么，我们应该如何让边缘我的信息向中心我靠近呢？

大部分的酒店都希望顾客能重复使用毛巾，这样可以节约用水和洗涤剂，节省人力成本，减少毛巾的磨损。毕竟我们在家一条毛巾也是会用好几天再洗的。重复使用酒店的毛巾是环保的行为。但即便酒店在显眼的位置放置提示牌，鼓励大家重复使用毛巾，仍收效甚微。

加州大学洛杉矶分校的心理学家通过一项研究发现，只要对提示牌上的标语做个小小的改动，就能有效地改变顾客的这一行为。他是怎么做的呢？那就是让提示语与中心我相关，这样一来顾客就会更愿意重复使用毛巾。当提示语是"住过此房间的客人，大部分都在重复使用毛巾"时，愿意重复使用毛巾的顾客增加了33%。这样的提示，特指和"我"同样住过这个房间的客人。这让用户意识到了自我当下所处的空间正在发生的事情，提升了空间与中心我的相关性，所以顾客的行为才发生了改变。

有些产品在投放网络广告时，会根据地域的不同调整广告的标题和文案，使广告中提及的事情发生在当地。广告中的故事情节都是类似的，并没有什么特别吸引人的地方，仅仅是因为发生在本地，就大大提升了广告的效果。这是通过本地化与用户的自我在空间上建立关联，从而为商家带来大量有效流量的做法。

抖音推出了同城号，但是如果同城号不是为了与本地用户的自我建立关联，而是为了服务本地商家——因为商家手里有钱，有宣传费用，那么同城号存在的意义和价值就非常有限了，拉动抖音新增长的作用也会极其有限。要想做好同城号，首先要以用户为中心，而不是以商家为中心。这两者存在本质上的差别，目标对象不同，商业模式也会大不相同。其次，同城号要想成功，还应该在空间上和用户建立更加紧密的关系，应该将空间聚焦在用户时常活动的社区，而不是泛泛的同城化。因为对于整个城市来说，用户生活的社区和工作的区域与自我的关系更为紧密。做到上述两点，才能同时抓住用户与商家。

在未来3年到5年，社区经济是一个发展的热点。如今很多商家看到了社区的市场，如叮咚买菜、叮当快药，还有社区团购等。这都是借助空间上与用户的相关性来做生意。如果社区经济能够崛起，实体零售也会重新回归。这样人们会在很大程度上摆

第三章 用户自驱力的第 2 张画像：中心我 VS 边缘我

脱对互联网的依赖。但是，社区经济崛起有个前提条件，那就是要激活社区社交。这里涉及比较复杂的逻辑关系。我们只要记住，社区经济的崛起在很大程度上依托于社区社交的发展即可。社区这个与用户关系紧密的空间因素存在巨大的商业机会，它是下一个独角兽的崛起之地。但是从目前涉及社区经济的商家来看，还没有一个具有独角兽的趋向。由此可见，社区经济的商业价值潜质巨大。

与边缘我的兴趣、喜好、习惯相关

兴趣、喜好、习惯等是边缘我比较私密的属性。与这些属性相关，会从更深、更隐秘的层面唤醒用户的自我感。今日头条的广告语是"你关心的才是头条"，这就是与个人的喜好变得相关，从而让用户感受到强烈的自我感——自我被重视、被尊敬。当然，这也正是一个平台的价值所在。

与用户的喜好相关的第一种方法：反馈与调整。开遍美国的中式餐厅熊猫快餐，开店初期让用户免费试吃，然后根据每个用户的反馈，对口感进行调整，将菜品尽量打造得符合每个美国人的口味。为了更好地符合美国人的生活习惯，熊猫快餐还设计出了叉子和筷子二合一的新型餐具，这样更贴近美国人的用餐习惯。虽然是中式快餐，但是店里播放的是美国流行音乐，这一切的操作都是为了贴近用户的喜好和生活习惯。用户的喜好反馈，可以通过用户的直接表达来获取，如用户的口头反馈，也可以通过商家的细致观察洞察到，如通过观察发现美国最近流行的音乐。还有些用户的喜好是渗透到文化基因里的，是约定俗成的，这就需要我们有深刻的认识，如美国人习惯用刀叉就餐。熊猫快餐的成功告诉我们，无论我们的目标受众是谁，一定要与他们的喜好相关，这是迈向成功的第一步。

与用户喜好、兴趣相关的第二种方法：让产品多样化。因为当产品多样化的时候，用户就可以轻易在其中找到与自我相关的因素。很多人都喜欢吃 M 豆，它五彩缤纷的颜色着实让人喜欢，单是看它那绚丽的色彩人们都会很开心。我们都知道，不同颜色的 M 豆味道都是一样的，尽管如此，用户还是会挑选自己最喜欢的颜色先吃掉。苹果公司总是在手机的颜色上大做文章，其目的就是通过多样化的策略，让产品与用户的边缘我建立关联，从而让用户感觉自我得到了重视和关注。

第三种与用户的喜好相关的方式：让用户自主创建。用户在注册网站账号时，有的网站会默认给用户生成一个由数字和字母组成的用户名，还会给用户设置一个通用的头像。但是有些网站或平台，希望用户在注册的当下就根据自己的喜好来设置属于自己的用户名和头像。这两种方式看似差别不大，但是后者一开始就在与用户的喜好变得相关。平台试图通过用户的自主设计，来与和用户有关的数字、词语、图片等建立关联。这样操作是为了与用户建立情感关联——留下与自我相关的足迹。这样可以提升用户对平台的珍惜、重视程度。

第三章 用户自驱力的第 2 张画像：中心我 VS 边缘我

要想与用户建立高效的互动关系，就要与用户的兴趣爱好紧密相关，这其中更多地取决于精准捕捉用户的喜好和兴趣。每个平台的用户系统都不相同，但是每个用户系统的目的都是与用户的喜好建立关联，这决定着系统是否能与用户高效互动。

我们来看微博、B 站、抖音这 3 个平台的用户界面。手机端微博 App 的首页顶部的频道设置分别为"关注"和"推荐"，系统的默认频道是"关注"。B 站首页的频道设置分别是"直播""推荐""热门""追番""影视"等，默认的是"推荐"频道。抖音首页的频道设置分别是"学习""同城""商城""关注""推荐"，它的默认频道也是"推荐"。在这些频道设置中，哪个频道与用户的自我关联最紧密，与用户的互动更高效呢？首先当然是"关注"，"关注"是用户明确告诉系统自己喜欢什么样的内容，对什么样的内容感兴趣。其次是"同城"，再次是"热点"，最后才是"推荐"。所以，这 3 个平台最能与用户高效互动的是微博，它的默认频道是关注，用户一打开就可以直接关注到自己感兴趣的内容。但是这种默认设置也有局限性，那就是扩延性不强，一旦平台的结构稳定，就没有了成长的空间。即便如此，这种设置对用户来说也是高效的。

默认的是"推荐"频道，直观来看与用户的关联性不强，但是这还要看平台的推荐系统是如何设置的。B 站的默认设置与抖音一样，都是"推荐"，但是这两个平台的页面设置和推荐机制存在很大差异，导致这两个平台与用户的互动效率大不相同。

自增长：让每个用户都成为增长的深度参与者和积极驱动者

从推荐机制来看，两个平台基本都围绕几个层面的内容进行推荐：（1）用户最近几次浏览过的内容，当然，这与用户关联最紧密，它是用户当下所关心的重点；（2）时下热门的内容；（3）关注度较高的内容；（4）用户新发布的内容。这两个平台的推荐机制各有侧重。这种侧重会影响与用户互动的有效性。B 站的推荐更倾向于用户最近关注的信息，而抖音更倾向于均衡推送——会把一些流量分给每个用户新发布的内容。

围绕用户兴趣进行推送当然是平台的愿望，但是这种推送是否有效，还要看平台的页面设置。如果页面设置得好，就能够精准捕捉用户的喜好；如果设置不当，对用户喜好的捕捉就会效率低下。B 站的页面设置是一屏展示 6 条内容，只要用户在 6 个中选择一个观看，系统就会认为用户喜欢。系统给了用户选择的空间，而用

第三章 用户自驱力的第 2 张画像：中心我 VS 边缘我

户的选择又给了系统精准识别用户喜好的机会，再加上用户在视频中停留的时间，以及与视频的互动情况，系统可以非常高效地推算出用户喜欢什么内容，接下来系统就会为用户推送这类内容。

抖音与 B 站的页面设置不一样，抖音一屏只显示一条内容。这样的内容呈现形式导致系统只能通过用户在视频中停留的时间长短，以及与视频的互动情况来识别用户的喜好，这就降低了系统对用户喜好识别的精准度。再加上抖音的用户把视频做得越来越短，导致用户还没缓过神来，视频就播完了。超短视频的高完播率让系统误认为用户喜欢这样的内容，结果是系统会加大类似内容的推送力度。

我在《带感》一书中提到过点击与划屏浏览的区别。划屏的模式会让用户不费力气，沉迷其中，但是并不意味着它与用户的互动是高效的。这里的互动效率是指平台对用户需求的识别及反馈效率。

从推荐系统来看，B 站与用户的互动效率高，而抖音稍弱一些。但是抖音与用户的互动模式，让平台对用户的控制性更强。这两者的差别就是，用户在 B 站刷一个小时，会感觉有所收获，而在抖音刷 1 个小时，会有一种负面的感觉，而且收获甚微。慢慢地用户就会发现，抖音沉淀下的是一些低端的用户。另外，抖音的页面设置、频道设置和推送模式还会导致一个现象，那就是即使用户的"粉丝"有 10 万个，他的每条视频的播放量也很少，如只有几千。这就是用户系统与用户喜好关联薄弱的一种表现。

用户系统的算法算的是什么？当然是要算用户的意志是什么、在哪里。如果平台不知道该如何算用户的意志，或者平台的算法是服务于平台自身意志的，那么它走的路会离用户越来越远。平台与平台的竞争，在很大程度上取决于算法。大家可以试着在天猫和京东分别买一件衣服，你马上就会发现哪个平台更懂你。一个平台与用户互动的效率，还涉及很多因素，但是与自我喜好的相关性是最重要的。要想高效地与用户互动，就要深入研究如何从技术方面与用户的自我实现相关。只有当我们对用户的深层行为模式有了深刻理解，设计出的用户系统才能与用户高效互动，才能实现用户对平台的良性依赖。

从 2020 年开始，社区买菜的业务开始火热，这更多的是平台给用户的各种补贴带来的人气。其实我本人并不看好这种商业模式。其中一个重要的原因，是它剥夺了用户的个性化需求。这样的平台还需要在满足用户个性化需求上下功夫，因为每个人挑选蔬菜、水果都有一套自己的标准，如选胡萝卜，有的人喜欢大一点的，有的人喜欢小一点的，有的人喜欢洗得干干净净的，有的人喜欢带点泥的。选橘子也是这样，有的人会根据橘子的形状判断它是酸一点还是甜一点，是水分多一点还是干涩一点，等等。

疫情期间，我也在物美超市的在线购物平台"多点"上体验了线上买菜。但是我发现，每次买回来的菜都不符合自己的意愿。更重要的是，其中会掺杂一些残次的蔬菜，而且新鲜度也没有自己去超市选的好。尝试几次后，我便再也不在线买菜了，即便它总是会给一些优惠券，这种买菜方式却再也不能吸引我。因为每

第三章 用户自驱力的第 2 张画像：中心我 VS 边缘我

个人对每种蔬菜、水果的喜好标准不一样，所以每次消费的用户都很难如己所愿。由此可见，那些没有标准化的产品非常不适合在线上购买，除蔬菜、水果外，还有海鲜等。

这个市场也是有需求人群的，一类是那些买菜极其不方便的区域，可能有些用户会依赖在线买菜；另一类是不经常做饭的人群，一周做两三次饭，懒得去逛超市。还有就是特殊时期，如疫情期间，大家为了减少接触，才选择在线买菜。但是这样的需求比较有限，这个市场要想成为一门赚钱的生意，还需要从提升自身价值入手优化平台的服务——尽量满足每个用户的个性化喜好。这样才能有更长远的发展。否则，补贴和优惠消失的时候，就是平台的瓶颈期。

◇ 与边缘我的行为相关

用户的行为也属于边缘我的一部分，让用户意识到某种行为与自我的关联，也能唤醒用户的自我意识和自我感觉。在一项研究中，被试首先从盒子里随机拿出一个球。他们有的拿到红球，有的拿到蓝球。当被试获得给其他人分钱的任务时，拿到蓝球的人会给同样是蓝球的人分更多钱，拿到红球的人会给同样是红球的人分更多钱。拿球这样一个简单的行为激活了被试，让被试感觉自己与某些人是同类，从而影响被试接下来的行为。这个案例是在行为与自我相关后，影响用户接下来的行为。

另一种通过行为让事物与自我相关的方式，是围绕产品或者事物引发行为。这就好比一件衣服挂在那里，用户对它没什么感觉，但是如果让用户试穿一下,用户对它的好感就会大大提升。在试穿的时候,这件衣服与自我高度相关,如显得"我"白了,显得"我"瘦了,等等。在自我对话的章节,我将和大家深入分享,大脑是如何通过参与、使用,与产品建立深层连接的。

任何行为,如语言、动作、姿态、表情等,都可以与自我相关,并以此来影响用户的行为。这些与自我相关的行为,都是我们可以深度利用的用户资源。芬必得是治疗疼痛的药。药的包装上印着一个人一手捂着脖子一手扶着腰的图像。这是每个脖子痛、腰痛的患者都会做的一个动作。用户看到包装上的这个动作,就会瞬间联想到自己脖子痛、腰痛的感觉,并认为产品了解自己那种疼痛的感觉,能缓解自己的痛。当用户做这个动作的时候,也会马上想到芬必得。这就是与用户的行为关联的有效方法。

◊ 与边缘我的感受相关

让用户的自我感受与中心我相关,能够让用户感受到自己被理解，他人与自己有同样的感受。这种他人与自我之间的共鸣，可以让用户产生归属感和认同感。比如，广告文案这样表达："你是不是时常辗转反侧，难以入睡？你是不是会情不自禁地点开抖音，而又不自觉地一刷就是一两个小时？"这种对某种状态的描述，让用户感同身受，感觉好像是在说自己。

一条女性护发产品的广告中，一个女人坐在理发店的椅子上，旁白是："我一天到晚都在为我的客户着想，为我的家人忙碌。现在我只想好好打理一下自己的头发"。这种表达方式也道出了大多数女性的内心感受。说出用户想表达但表达不出的感受，或者说出与用户一样的感受，展示出用户内心深处的想法，都会让用户感觉遇到了知音，让用户感到自我被理解、被重视。这种共情的感觉同样能提升用户的自我感。

// 如何与用户的身份和角色相关？//

◊ 启动身份与角色

除了前文提到的那些与用户自我相关的属性外，还有一些用户边缘我的属性，对用户行为的影响发挥着极其重要的作用，那就是用户的身份和角色。每个用户都身兼多个身份和角色，如员工、朋友、爱人、父亲、儿子、主管、同事、亚洲人、中国人等。用户的身份和角色是随情景变化的属性。用户一天到晚都在不同的身份中不停切换，他们需要随时以不同的身份出现，扮演不同的角色。每一个身份背后都关联着不同的职责和使命，以及不同的行为模式、规范和需求。当我们激活用户的某个身份时，同时也会激活该身份背后关联的属性和行为。用户就会自觉地围绕这个身份进行自我行为和形象的维护管理。

瑞士的经济学家恩斯特·费尔（Ernst Fehr）和他的同事曾做过一项实验，研究启动人的不同身份对其行为的影响。他们选择一些银行家作为被试，当他们在家里休息的时候，让他们通过网络来参加这项研究。费尔和他的同事把这些银行家分为两组，一组先回答一些关于办公室工作环境的问题，以此来启动他们的职业身份，另一组并没有回答这些问题。然后让被试玩一个抛硬币的小游戏。如果硬币正面朝上，被试就会获得 20 美元奖金。抛硬币的结果不用给研究者看，被试自觉汇报硬币是反面朝上还是正面朝上就可以了。结果显示，被启动了职业身份的那一组被试，汇报赢的比例要远远高出没有启动银行家身份的被试。也就是说，启动了银行家身份的被试表现得更不诚实。他们都是银行家，却表现出了截然不同的行为。从这个实验来看，人的行为在很大程度上取决于信息启动了人什么样的身份。不同的身份伴随着与其相匹配的不同的行为和对事物不同的判断和决策模式。同样，启动的身份不同，人们对同一事物关注的点也是不同的——关注点与身份高度匹配。

在没有激活用户身份的情况下谈论用户需求，对用户的影响

第三章 用户自驱力的第 2 张画像：中心我 VS 边缘我

是非常有限的。例如，星巴克联合某信用卡做了一些促销活动，如周五刷卡消费买一杯送一杯。很多时候，这样的信息并不会促进用户的积极行为，而系统还是会反复发送同样的信息给用户。这时商家应该意识到，这样的促销信息对用户来说可能是无效的，应该改变策略。

那么，怎么才能提升用户的积极性呢？其中一个方法就是与用户的某个身份和角色相关。比如，用户系统中年龄在三四十岁的会员，很可能有父母的身份。这时就可以从用户作为父亲或母亲的身份的角度来触发用户的消费行为，如周五买一杯咖啡送一个孩子喜欢的小玩偶。这对大多数家长来说是非常有吸引力的。即便是排队，家长们也会乐意购买。我自己就曾为了给孩子买到六一儿童节肯德基的套餐玩具，开车跑了 4 家店。就我个人来说，商家推出的买一杯送一杯的活动，我是一点都不感兴趣的，我也不会在周五专门抽出时间去星巴克买杯咖啡。但是为了孩子，我愿意花时间参与活动。同样，针对 20 多岁的用户，可以从他们作为恋人的身份入手，他们更在乎自己的另一半。比如，连续消费一定数量的咖啡，就可以送一个女孩喜欢的猫爪杯等。这样一来，活动对用户的吸引力就会更大。我的同事就曾为了给女朋友买情人节礼物，找遍了周边的星巴克咖啡店，排队买了一个漂亮的咖啡杯。我们一定要明白的是，用户的大部分身份和角色是相对他人而言的。在一些身份中，用户更在乎、更看重的是他人的感受。他人开心快乐要比自己开心快乐更让自我感觉良好。其实，身份、角色，就是用户行为的驱动力。

先启动再相关

边缘我的很多属性是随着情景的改变而改变的,不像我们的名字和长相一样是稳定的。特别是用户身份和角色的属性,更多是随情景的改变而改变的。但是我们可以为用户设计情景,来随时启动用户的某个身份,从而精准地影响用户的行为。身份和角色决定着需求,启动身份就启动了一系列的需求。接下来和大家分享几种启动某个身份的方法。

第一种方法:通过对针对性的问题进行关注和聚焦,来启动用户的某个身份。针对性地让用户回答或者思考一些与某个身份相关的问题,就可以启动用户的某种身份。比如,在向用户推销育儿产品的时候,先启动用户的父母身份,再向他们推销产品,这样成功率会更高。如果是线下面对面销售,就要先和用户聊一聊关于孩子的事情。如果是在线购物,在页面信息上可以向用户提一些关于孩子的问题,如你们家孩子有××习惯吗?当用户思考、聚焦这些问题的时候,就启动了他们作为父母的身份。身份启动后,用户就更有可能会购买与孩子相关的产品。

第二种方法:与某种身份的属性相关。每个身份背后都关联着一些固化的特质和行为。比如,妈妈的身份背后关联着温柔、贤惠、疼爱孩子,愿意为孩子付出,等等。一旦用户进入了妈妈的角色,行为就会发生改变,如说话更温柔,更有耐心等。反过来,我们可以在介绍产品的时候,先向用户强调某个身份背后的某个属性,以属性唤醒身份。比如,广告中会说"保护孩子是每个母亲的本性"，以此先激活母亲身份背后关联的属性——全力保护孩子。这种关于母亲这一身份的属性，会让用户更看重产品的质量，愿意花更多的钱买更好的产品等。

第三种方法：利用相近的形象来启动身份。你认为与用户相近的形象和更加理想的形象，哪个更能启动用户的身份呢？多伦多大学的心理学家莱瑟姆曾做过一项研究：他们找来某大学资金募集中心的电话募集员，将他们分成三组。他们都领到一张打电话时用的募集说明书，这些募集说明书暗藏着一些"玄机"。第一组的说明书左上角的位置有一张图片，内容是女性赢得比赛的情景。第二组的说明书的相同位置的图片，是呼叫中心员工的工作情景。第三组作为对照组，说明书上没有任何图片。研究结果表明，受到图片暗示的被试募集到了更多资金。其中，受呼叫中心员工图片暗示的被试，募集到的资金数目最多，看到赢得比赛情景图片的被试次之。这两组被试都比没有看到任何图片的对照组募集到的资金要多。这个实验说明两个问题：一是图片有启动用户身份的功能；二是与榜样、偶像相比，与用户身份、地位、角色相近的人让用户感觉与自我更相关。理想的形象，会让用户对产品和信息瞬间产生好感，也就是正面的情感。而与用户身份较近的形象，会更容易让用户采取行动。

第四种方法：利用情景启动身份。情景对人的影响是不知不觉的，只要将用户导入一个情景中，就能启动用户的某种身份和角色，即用情景激活角色。人们的自我概念在不同的情景中会变得不同，情景也会影响人们看待自我的方式。不同的情景会唤起用户不同的身份，比如，一进家门我们就会马上切换成父亲的角色，微笑着与孩子亲近；一走进办公室，我们就会进入职场的角色，变得严肃、认真。

健身房里，不管是游泳的、跑步的，还是练瑜伽的、打球的，也不管是新手还是专业的，每个人都有一身符合健身者的行头。大部分人都不会随便穿一身衣服（如逛街时穿的衣服）进入健身的环境。这就是健身房的情景启动了用户健身者的身份，让用户产生了符合该身份的行为。同样的，去 KTV 唱歌、去酒吧喝酒、去海边旅游、去沙漠徒步、参加管理层会议……不同的情景会唤起我们不同的身份。为了更加符合这种身份，我们会从方方面面改变自己的风格，如发型、服装的风格，甚至是说话的方式等。这些改变都是在我们进入这些场景前就发生的，商家可以借助情景设定身份，然后借助身份促进用户的消费行为。

第五种方法：启动用户失去的身份。用户并不是没有了某个身份就没有了对应的需求。有些身份失去了，反而让人感觉更需要。比如，当用户成为一个母亲的时候，并不意味着她不再需要少女的身份。身份本来就是一种概念，只要我们能控制与某种身份关联的属性，就能激活用户对某种身份的渴望。比如，如何把一款少女风格的床上用品卖给一个 40 多岁的女性呢？这个年龄段的女性已经失去了少女的身份，让她们意识到可以通过买一套少女风格的床上用品重拾少女身份，她们就会试图通过使用产品来体验自己曾经的某种身份。这样一来，就满足了这个年龄段女性对已经失去的少女身份的渴望和重绘。记住一点，我们是为用户创造生活的，是在塑造用户的生活，而不是用户的跟屁虫——用户走到哪里我们就跟到哪里。

第六种方法：启动更加完美的身份。在一个品牌牛肉的广告中，一个妈妈造型的玩偶被拖来拖去，广告语是："一个可以弯曲、可以拉伸、可以被拖来拖去的现代妈妈，要陪孩子玩耍，要接待客户，你必须像全能超人一样。幸好，××牌牛肉可以帮你积聚能量，让你屹立不倒"。这是试图通过激活某个更理想、更厉害的身份来将用户与产品关联的做法。身份和角色对用户的影响之所以是深层的，是因为只要启动用户的某个身份，用户就试图让自己把这个角色和身份展现到极致。所以那些能让用户完美地扮演某个身份的物和事，就会激起用户的兴趣。而××牌牛肉，就可以帮助用户更好地扮演理想妈妈的角色。

沃尔沃汽车有一个这样的广告：风雨交加的夜晚，女儿要出门约会，父亲充满了担忧。女儿的男朋友来接她了，父亲对男孩说，"可以帮我一个忙吗？开我的车出去吧。"父亲虽然不能再陪在女儿身边保护她，但是他的车可以——因为它够安全。每个人都不能始终亲力亲为地扮演某个角色，此时难免有些遗憾。如果某个事物可以替代或帮助用户发挥某个角色的功能，就会对用户产生极大的吸引力。在这个广告中，沃尔沃汽车就是能够替代和帮助父亲继续发挥好父亲角色的事物。

第四章

用户自驱力的第 3 张画像：
现实我 VS 理想我

·画像原则：对立原则·

// 一切开始于抗拒 //

完成了自我的两张画像后,我们知道了驱动用户行为的是自我感。接下来我们将继续向自我的深处挖掘,一起来探索自我到底是怎样一种存在。自我是一种力量,是关于"我"是什么、不是什么的意志。自我是保护、表达、实现"是的'我'",回避、抗拒、逃避"不是的'我'"的力量。自我是一种内在对立的力量——抗拒"不是的'我'",渴望"是的'我'"的力量。用户内在对立产生的一瞬间,自我就产生了,驱动力也就产生了。

"我买意大利名牌西装和手表,是因为我从内心深处认为自己是个纽约的乡下人。我穿意大利名牌西装,这样人们就会认为我很重要。谁会浪费时间去陪伴对自己没有用的人呢?如果有这些东西,我就不再那么微不足道。我那么努力地工作来塑造我的形象,穿得这么好,我希望自己成为另外一个人……我怕别人不是真的喜欢我。但你现在看到了,我只是血肉之躯,我很脆弱。"

这是电影《狙击电话亭》中,男主角被狙击手用枪指着脑袋时,发自内心的一段自白。这段自白道出了每个人内心深处不可告人的秘密——自己并不喜欢自己。每个人都抗拒真实的自己,抗拒自己的血肉之躯，抗拒自己脆弱、渺小、可有可无等现实。也可以说，人们是在抗拒自身的局限。人们所抗拒的更多是社会性问题造成的状态，如抗拒自己微不足道、脆弱、不被喜欢、没有吸引力、无法掌控、没文化、不符合某种规范、不入流、不被尊重等一切被别人看不起的样子。

星巴克前 CEO 舒尔茨，在他的自传中写了自己的一段经历。他说："有很多年，我不想在别人面前提及我在布鲁克林长大这件事情。我不想撒谎，只是不想提起这个话题。因为我感觉那不是什么很有面子的事情。可是不管我怎么否认和掩藏这个事实，早年生活的那些情境还是在我脑子里留下了无法忘却的记忆。我可能永远也无法忘记它，但是我一直不愿意面对自己的这段过去。"布鲁克林区以前是纽约市的穷人区，那里的治安非常差。舒尔茨在那里长大，他怕别人知道他来自那里，给他贴上负面的标签，所以一直不愿意让别人知道这件事。同时他也努力成为一个成功的人，抹掉卑微的出身。

在这个世界上，无论是谁，首富也好，成功人士也罢，任何人的灵魂深处都可能有一个卑微、孤独、渺小、脆弱的自我。每个人的执着追求和不懈努力，都是为了逃离那个住在自己灵魂深处、弱小而又存在各种局限的自我。人们想要逃出局限自己的躯壳。也可以说，人们发展和成长的力量，都来自对自身局限的抗拒。只要留意一下那些成功人士的传记就会发现，他们之所以能够成功，很大一部分力量来自对自己卑微身份或者自身局限的抗拒。

第四章 用户自驱力的第 3 张画像：现实我 VS 理想我

人们不但抗拒自己卑微、满是局限的身份，也抗拒自己一成不变、乏味的生活。这就是星巴克受人喜欢的一个重要原因，人们想要逃离乏味平淡的家庭和工作环境，而星巴克就成了家庭和工作之外的第三空间。社会学教授雷·奥登伯格认为，人们需要有非正式的活动场所，可以在那里聚会，可以把工作和家庭的压力抛在一边，放松下来，聊聊天，暂时不想家庭和工作中的琐事。德国的啤酒花园、英格兰的酒吧、法国的咖啡吧，都为人们的生活开启了这样的休闲空间。在那里，所有人都是平等的，聊天休息才是主要活动。不仅是咖啡厅和啤酒屋，商场、餐厅、电影院、书店等都是人们的第三空间。可以说，星巴克之所以受人喜欢，就是因为星巴克让人真真正正地体验到了第三空间的感觉。人们感觉在星巴克的时刻，短暂地告别了枯燥乏味的家庭和工作状态。

人们不但抗拒自己卑微的身份、一成不变的乏味生活，同样也抗拒自己的身体、自己的长相。不信你可以问一下自己，你在微信发自拍照的时候，有几张照片不需要用修图软件美白、瘦身？你也可以想一想，你比较在意自己身体的哪些部位。你一定会数出一大堆，如鼻子太塌、屁股太大、下巴太宽、个子不够高……停停停，如果没有人给你喊停，一会儿你甚至会数到自己的胃不太好。大部分人都认为自己的身体、长相存在这样那样的问题，这也是美颜相机让用户迷恋的根本原因所在。它抓住了人们抗拒真实自己的心理，给了人们不予面对真实自己的方法。另外，如果人们不抗拒自己的身体和长相，就不会有那么多的美容院和整形医院，也不会有五花八门、层出不穷的减肥药物和养生疗法。

看到这里,有些人一定会想,那些公认的美女一定不会抗拒自己的长相,如那些漂亮的女演员,她们拥有那么完美的脸庞,怎么会抗拒自己的长相呢?每当我说到人们抗拒自己的身体时,就会有人来和我辩驳,说一个长相完美的人,就不会抗拒自己的身体。真的是这样吗?我认为不见得。假设你有一张完美的脸,你会满意吗?你一定会说满意。错,即便是这样,你还是会抗拒自己。你会抗拒美貌不再,会抗拒自己变老。总之,你一定想让美丽的容颜永驻。

用户的大部分行为,都在试图抗拒现实的自己。赚钱是为了逃离贫穷,追求权力是为了不再被控制,等等。抗拒的力量一旦产生,自我的意志就产生了。这种意志开始左右我们的行为。所以,要想影响用户的行为,就要激活用户抗拒的力量。而要想激活用户抗拒的力量,就要先为用户制造一个不理想的自我,如失控、糟糕、不理性、没前途等。用户一旦意识到自身是这样一种负面的存在,就会抗拒,就会想要逃离。这时自我意志就会产生。

// 一切动力都源自渴望 //

"你为什么喜欢购物?"

"购物的时候我感觉世界变得美好了。"

第四章 用户自驱力的第 3 张画像：现实我 VS 理想我

这是电影《一个购物狂的自白》中，购物上瘾的丽贝卡对自己疯狂购物的解释。

她说："当我看着商店的橱窗，我就仿佛看到了另一个世界，一个充满完美商品的梦幻世界，能让一个女孩子拥有一切的世界，在那个世界，每个女人都很美，她们像公主和仙女一样。"

丽贝卡的话揭开了一个深藏在人们内心深处的秘密。无论我们决定购买什么，都是被一种力量推动的——产品能为我们开启美好的可能。这种美好的可能激起了人们进入某种状态、拥有某物的意志和渴望。

那么，丽贝卡的美好可能是怎样被打开的呢？丽贝卡在商店里看到一条绿围巾。她很喜欢，可是再一想，自己的信用卡已经刷爆了。她告诉自己："我不需要围巾了。"但是请注意，这里有一个细节——在丽贝卡认为自己不能再买东西的时候，她并没有走开，而是走进了自我的思想，她围绕这条围巾展开了与自我的对话。

自我对她说："是啊，谁会需要围巾呢？如果冷，在脖子上搭件旧衣服就解决问题了。你母亲就是这样做的。但关键是这条围巾，它会成为你的象征，你精神的象征。你明白吗？"

丽贝卡纠结地说："我明白。"

自我接着对她说："它会让你的眼睛看上去更大，会让你的发型看上去更高贵，它配什么都好看。这是一项投资。这样你在面试的时候就会充满自信,而且泰然自若。这个绿围巾的女孩。"

就是丽贝卡内心这样一个小小的声音,让她对这条围巾的态度发生了180度的转变。这个环节让一件可有可无的围巾变得必不可少,变得重要;让一条原本普普通通的围巾变得光彩照人,无限美好。丽贝卡认为有了这条围巾,她的眼睛看上去会更大,发型看上去会更高贵,她会变得自信和泰然自若,她会成为美好的自我、完美的自我。这就是被自我盯上后发生的事情。思想在围巾和丽贝卡的自我之间建立了必然的关系。自我为人们开启了一个个美好的可能——美好、理想,总之与眼下大不一样。人们所谓的美好的可能,就是这样被开启的。美好的可能激活美好的"我",让人们产生了自我实现的意志——实现美好的"我"。

抗拒自己是大部分人活着的基调。在这种基调下,任何美好的可能,都成了这种力量的出口。丽贝卡抗拒眼睛不够大、发型不够高贵、不够自信的真实自己。而那条围巾,为她抗拒自我的情感提供了出口,让她认为一旦拥有那条围巾,就会成为美好的、梦寐以求的自我——想象中美好的样子。

心理学家威廉·詹姆斯认为:"人的内心深处不断地发出一种声音,这种声音告诉自己,有一种状态能让自己变得活力四射、变得完美——'那才是真正的我'。我一定要进入那样的状态,并一直保持下去。"所以,人们为了实现(成为)那个真正的自我,一直在渴望进入另一种状态。

用户渴望进入的美好状态有3种模式。

第一种模式：变成、获得、拥有。就像丽贝卡那样，你只要告诉她怎样可以变成美好的样子，她就会愿意相信，也会去做。因为这符合自我存在的意志，我们每一刻都在努力让自己变得与现在不一样，变得更美好。

第二种模式：继续、保持、持续。人们一旦感受到或者获得某种美好的东西，就会想要持续这种美好。人们抗拒衰老，渴望青春永驻；人们不希望走出舒适地带，渴望保持舒适和安全……人们渴望持续那些美好的感觉，所以你只要告诉用户怎样做可以突破自身的局限，永远进入一种美好的状态——持续良好的自我感觉，持续一种快乐，持续一种稳定的关系，就会影响用户的行为。

第三种模式：更好、更多。我们要记住，"更好"是"好"的敌人。如果一个人对自己的状态很满足，感觉一切都很美好，那么在这个时候，你只要导入"更美好"和"更多"，就会重新激起他进入某种更美好状态的渴望。比如，你从来没有认为自己需要一双高性能的跑鞋，但是当一个品牌展现给你这样一款跑鞋的时候，你马上就会渴望拥有。

我们一直在说，自我最重要的特质是追求更好、更多。人们渴望更多、更大、更好，渴望比别人好、比现在好、比过去好。自我试图变得更多、更大、更好，来抗拒和掩饰自己的渺小和局限。更多、更大、更好意味着没完没了，这就是人类的宿命——在没有边界的循环中越陷越深。

// 画像原则：对立原则 // 3

自我这股力量是由抗拒和渴望两种力量对立产生的。自我抗拒真实的、现实的自己，渴望理想、完美、美好的自我。当我们抗拒或渴望的意志产生时，自我就登场了。自我是一种内在对立的力量，所以现实我和理想我这张画像要想勾勒得精准，就要抓住一个核心原则——对立原则。只要能制造对立，就能激活用户自我的深层驱动力。

我们可以为用户制造不同层面的对立，如内外的对立、过去和未来的对立、你我的对立、空间的对立、美丑的对立、对错的对立、好坏的对立、大小的对立、前后的对立、物质与精神的对立，等等。只要对立制造得恰到好处，自我的驱动力就会产生，用户就会在逃离和追逐中停不下来。接下来我就和大家分享几种制造对立的方法。

第四章 用户自驱力的第3张画像：现实我 VS 理想我

◇ 区别制造对立

区别、差异与对立是并存的，只要制造了差异和区别，那么对立就产生了。统计发现，产品介绍中最常用到的词是"更"。比如，华为手机对屏幕功能的介绍："画面向更广阔处延展，带来更为沉浸的视觉体验。"对速度的介绍："下载比想象中更快，在线视频更流畅，游戏更稳定。"另一个常用的字是"新"，如革新、创新、全新、新升级等。大家仔细研究产品文案就会发现，大部分的文案都在使出百般解数制造区别，如手机新款与旧款的区别，与其他型号的区别，与其他品牌的区别，与先前技术的区别，与先前功能的区别，等等。这些区别表面来看是在说产品，实质上是在制造自我的区别——旧我、落后我、淘汰我与新我、前沿我、潮流我的区别，这样的区别让自我内在对立了起来。

◇ 强调制造对立

强调制造了主次的区别，同时制造了重要和不重要的对立，这也是在制造自我的对立。

强调的第一种方法是重复。重复会让用户感觉重复的内容区别于其他内容，是重要的。重复就是在营造重要性，如在文案中重复使用"非常非常"等词语，就是在强调紧跟该词语的内容的重要性。重复出现，重复播放，重复做某种行为等都是在强调。

强调的第二种方法是突出,让信息与背景区分开来。一篇文章中的信息该如何强调呢?一段文字加黑加粗就是在强调。文字中有"很、非常、特别"这些副词,其后面跟的内容就是被强调的对象。

如果你走进一所学校,看见楼道的墙壁上贴着一些同学的照片。即使照片周围没有任何的文字描述,你也会认为这些是好学生,要不然怎么能被贴在这里呢?这就是通过突出达到强调的效果。

其实很多时候,只要强调一个数字、一个形象、一个概念、一种材料等,就能制造出对立。比如,一款不粘锅的页面上醒目地标注着"食品级304不锈钢材质"。这样的强调会有两种效果。一种是让用户感觉食品级304不锈钢是一种优质的材料,与其他材料区分开来,也意味着不粘锅的材料是重要的。另一种效果是让用户感觉只有这款锅采用了好材料,与其他锅区分开来。其实很多不粘锅都采用了304不锈钢材料,只是没有强调罢了。但是通过强调就让这款锅与其他的不粘锅区分开来了,制造了对立。强调为用户指出了什么是重要的,什么是次要的,制造了主次的差别,让用户将更多的注意力集中在重要的信息上,忽视次要的内容。强调这种方法就像我们常说的一句话"会哭的孩子有奶吃",强调也是凸显自身价值的一种重要方式。

比较制造对立

心理学家艾瑞里认为,人们不会用绝对价值对事物进行判断,

第四章　用户自驱力的第 3 张画像：现实我 VS 理想我

只会用相对价值进行判断。也就是说，比较是用户做出价值判断的重要方式。比较之所以能让人们产生价值判断，是因为比较产生了好坏、对错的差异。没有比较就没有好坏。我们一定要知道的是，比较中并不存在客观的标准，它可好可坏。由此可知，在比较中巧妙地选择比较对象是非常重要的。就比如，你的孩子数学考了 82 分，他告诉你自己比好朋友 ×× 多考了 10 分，你就会认为他考得挺不错的。如果你问他最高分是多少，他告诉你是 100 分，你就会瞬间感觉孩子考得一般。再比如，一条毛巾好不好，你根本就不知道，你对它的价值判断完全来自商品页面提供的比较信息，包括价格的比较、服务的比较、品牌的比较、材料的比较、款式的比较、性能的比较，甚至包括页面设计的比较，等等。

有的自动售货机中，农夫山泉大瓶水和小瓶水价格都是 2 元钱。看到这种情况，你会毫不犹豫地买大瓶的，而且会感觉自己赚了。如果小瓶水的售价标的是 1.5 元，大瓶水的售价标的是 2 元，你就无法一眼看出哪种实惠。其实，商家就是要借助这种比较的方式，刺激用户的购买欲望，卖掉更多的大瓶水，同时给用户营造一种买到就是赚到的感觉，这就是比较发挥的刺激作用。

不管你的产品有多好，如果没有比较，你说得再多也没有用。互联网的开放性使用户可以把你的产品与其他产品放在一起任意比较。要想主导用户对产品价值的判断，就要在产品信息中积极主动地展开比较，主动与同类产品比较，与同类技术比较，与过去的技术比较等，在比较中体现出自身的优势。即便你的产品没有别人的好，也要避重就轻地进行比较，而不是自说自话。因为消费者网购的整个过程就是比较的过程。选择性地比较的过程就是围绕产品在制造对立的对象——好坏、优劣的对立对象。

♦ 等级制造对立

制造等级、层次的差别,也是制造对立的一种方式。等级和层次就像出现在用户面前的台阶,用户会不由自主地想要迈上一个台阶。通过划分等级和层次来制造对立,可以激活用户自我的内在驱动力。其实等级就是在为用户虚拟一个更高层次的自我,让用户一旦身处其中就停不下来。

商家把会员卡分为标准卡、银卡、金卡、白金卡等,这样就将用户的级别区分开来了。海底捞有会员分级制度,累计消费到一定额度会升级为相应等级的会员。从低到高分别为红海会员、银海会员、金海会员和黑海会员。为了让用户在用餐时也能体现自己的会员身份,海底捞会在餐桌上放不同颜色的牌子,上面写着会员的级别,如"金海会员"。同样,他们也会根据会员的级别,为用户提供不同的服务,如送一个大果盘等。这种对会员身份的直观表达,会让用户很想享受更高级别的待遇,而不安于现有的会员级别。

网络游戏中无处不在地体现着等级划分,玩家的身份被分为各种等级,如菜鸟、青铜、王者等。装备的等级也有具体的划分,如普通装备、强化装备、稀有装备、罕见装备等。游戏中的每个元素都有等级之分。制造等级的差别,可以直观地将人与人、产品与产品区别开来,从而制造出对立——高低、贵贱、好坏的对立。这一切的一切都是在制造现有状态的对立面,用户如果不安于现状,就渴望迈向更高的级别。

在设计用户系统的时候,一定要从各个方面进行等级划分。例如,通过消费额度进行等级划分,或者通过消费次数、会员注册时长、参与互动的次数和频率等方面进行划分。手中的一切资源,都可以成为制造等级差异的标准。划分等级并不需要商家投入实质性的代价,但是如果划分了,就能提升平台对用户的吸引力。记住一点,很多时候商家只是制造了心理上的等级差别,事物本身并没有什么实质性差别,用户要的是差异感。

◊ 群体制造对立

群体最大的功能是什么?是制造区别。心理学家亨利·塔菲尔在一次实验中将同一个班的大学生通过抛硬币的方式随机分为两组。结果发现,这样的划分居然改变了他们之间的相处方式,同一组的同学相处得比较融洽,而对另一组的同学却产生了敌意。他们明明是同一个班的同学,怎么会产生这样的区别?因为分组让他们之间产生了区别的心理,让同一组的同学产生了"我们"的认同感,对另一组的同学产生了"他们"的心理——产生了敌意和排斥。

生活中我们与他人的区别是通过所在群体、阶层产生的,如班级、群、圈、俱乐部、社会阶层、团体等。我们只要划定一个群体,就能制造区别。现在的教育资源越来越均衡,孩子升学时,所在片区的学校随机分配,不可以择校。虽然家长们在分配前可能都对片区内的某所学校有好感,希望被分配到这所学校,但是随机分配完成后,一旦没有被分配到喜欢的学校,这种喜好的倾向就不存在了。大家会对划分到的学校产生好感。比如,有的家长说:"我们这所学校建校历史悠久,管理制度成熟,老师非常严厉、负责。"另一个家长说:"我们这是一所新学校,硬件配置都是最先进的,老师也都很年轻,教学上富有热情,能跟孩子们交朋友。"而且家长会试图用孩子升学后的变化和进步来证明自己的孩子被分到了合适的学校。就此,家长之间在观点上形成了对立。

现在各个商家都希望发展自己的付费会员,因为付费会提升会员对商家的忠诚度。我的一个同事以前一直习惯在天猫购物,后来因为某种原因办理了京东的付费会员,之后她就再也没有在天猫购物过了。她说虽然两个平台本质上差别不大,但是成为京东会员后,就感觉对天猫陌生了。就是因为办理了京东会员后,她对天猫产生了排斥的心理。由此可见，巧妙地借助群体制造的差异来创造竞争优势是值得我们深入研究的。

// 自我对立的图谱 //

关于现实我与理想我的这幅画像，最重要的是制造对立关系。其实每个成功的品牌和产品，以及有效的营销信息，都是成功为自我制造了对立关系。由此我们可以判断，要想从深层次激活用户的驱动力，就一定要知道用户抗拒什么和渴望什么。下面是关于自我对立的大部分图谱，大家可以在设计产品和信息的时候根据需求激活自我的对立关系。

有用的、超值的、有价值的、重要的、有意义的——无价值的、无意义的、无用的、荒废的；

有目标的、有方向的、确定的、掌控的、有志向的、胸有成竹的——无目标的、无方向的、不确定的、失控的、迷茫的；

慷慨的、富有的、丰盛的、完整的、富足的、有权势的——贫穷的、困苦的、吝啬的、缺失的、匮乏的；

诚恳的、诚实的、真诚的——狡猾的、欺骗的、狡诈的；

正直的、正义的、公平的、平等的——邪恶的、不公平的、偏袒的；

自主的、自在的、自由的、随心所欲的——束缚的、限制的、剥夺的、压制的；

同情的、深情的、善良的、友好的、有爱的、相爱的、被爱的、珍爱的、亲密的、体贴的、美好的——无情的、敌对的、恶毒的、憎恨的、冷酷的、疏远的；

可爱的、魅力无限的、迷人的、具有吸引力的、招人喜欢的——猥琐的、烦人的、讨厌的、厌恶的；

沉着的、冷静的、敏锐的、审时度势的、机智的、果断的——焦躁的、混乱的、烦躁的、盲目的、犹豫不决的；

睿智的、渊博的、聪明的、才华横溢的、有能力的——浅薄的、无知的、狭隘的、愚蠢的、愚笨的；

大方的、自信的、体面的、光彩的、自豪的、时尚的——不体面的、不光彩的、不入流的；

高贵的、尊贵的、神圣的、神秘的、豪华的——卑微的、鄙视的、低级的、低端的、卑贱的；

令人羡慕的、稀缺的、出色的、少数的、精英的、优秀的、卓越的、崇拜的、与众不同的、珍贵的、独特的——大多数的、平庸的、平常的、平平无奇的、普通的、庸俗的；

第四章 用户自驱力的第 3 张画像：现实我 VS 理想我

胜利的、战胜的、幸运的——失败的、放弃的、失控的、不幸的；

积极的、希望的、进取的、自发的、主动的、开朗的、正面的、理想的、乐观的、欢快的、喜悦的、惬意的、愉快的、轻松的、狂喜的、兴奋的、欢欣鼓舞的、喜气洋洋的、高兴的、敞开的、振奋的、开明的——消极的、负面的、糟糕的、悲观的、伤心的、悲哀的、郁郁寡欢的、低落的、不悦的、抑郁的、阴暗的、失望的、封闭的、闭塞的；

甜蜜的、浪漫的、温柔的、温暖的——痛苦的、现实的、冰冷的、冷漠的、冷酷的；

生动的、诱人的、惊喜的、惊叹的、刺激的、激情的、好奇的、迷恋的、新鲜的、神奇的、酷爱的——枯燥的、呆板的、平淡的、乏味的、漠然的；

平衡的、统一的、协调的、一致的——失衡的、冲突的、对立的、矛盾的；

感激的、感恩的、感动的——辜负的、忘恩负义的；

安逸的、疗愈的、舒适的、安详的、悠闲的、宁静的、安定的、充实的、享受的、柔美的、温和的、和谐的、融洽的、舒服的、满足的、安全的、满意的——烦躁的、忙碌的、不安的、排斥的、对抗的、不满的、混乱的；

自增长：让每个用户都成为增长的深度参与者和积极驱动者

焕然一新的、全新的——陈旧的、破旧的、陈腐的；

勇敢的、顽强的、阳刚的、有动力的、强大的、兴旺发达的、冒险的、无畏的、有创造力的、胆大的、坚定的、有能量的——脆弱的、渺小的、胆小的、怯懦的、害怕的、恐惧的；

活力四射的、顽皮的、健康的、朝气蓬勃的、充满生机的、青春的、热心的、有趣的、元气满满的、充满活力的、热切的、热情奔放的、神清气爽的——衰老的、惨败的、无趣的、奄奄一息的、死气沉沉的、颓废的、无精打采的、萎靡的；

核心的、合群的、融洽的、重要的、团结的——边缘的、孤立的、孤独的、排斥的、抵触的。

第五章

用户自驱力的第 4 张画像：
自控我 VS 失控我

·画像原则：有限原则·

1
// 驱动用户行为的第一种基本动力 //

内在对立产生的一瞬间,大脑随之产生了自我保护、表达、实现的意志。能够操控和实施意志的工具是自我感。它是让自我意志实现转化的度量器。意志和感觉是交融在一起的,如果一定要将它们分开来说,那么意志就是目标,感觉就是操控意志的操作方式。在人工智能的应用中,必须要把这两者区分开来。具体来说,比如,你产生了吃东西的想法,但这只是一种意念和目标。让这个意念和目标得以实施的是自我感觉,如吃什么是由你感觉什么好吃决定的,吃多少是由你感觉饱不饱决定的。感觉越强烈,自我意志越坚定。离开自我感,自我意志就只是意念和目标,不能被大脑度量、操控、实施。人工智能中最核心的技术,就是目标与感觉的转化,目标不能有效地、可度量地转化成感觉,就不能产生有效的动力输出。所以感觉、感受才是让动力可量化、可操控、可实施的驱动器。

当大脑中产生自我保护的意志时,需要借助自我掌控感来进行操控、实施、度量转化意志。由此可见,自我掌控感是用户的立身之本,是用户行为最基本的驱动力。自控我与失控我,就是关于这个最基本的驱动力的画像。接下来我们就来看看,自我掌

第五章 用户自驱力的第 4 张画像：自控我 VS 失控我

控感是如何驱动用户行为的。

我们当下之所以能够正常地生活，其中一个重要的原因就是，我们坚信自己掌控着自己的生活。我们坚信工作到月底就能领到工资，坚信认真学习就能取得好成绩，坚信我们的明天会更好，等等。我们是靠掌控感支撑的，掌控感是支撑自我存在的核心信念和动力。自我掌控感是用户最基本的行为动力，包括以下 5 个层次：

（1）安全感、确定感；
（2）自主感、自由感；
（3）操控感、驾驭感、支配感、有效感；
（4）目标感、方向感；
（5）力量感、创造感。

意大利帕多瓦大学的心理学家团队曾经做过一个实验：他们要求 30 名被试阅读弗朗西斯·克里克写的《惊人的假说》。被试分为两组，一组阅读不涉及自由意志的内容——他们所阅读的内容没有提到人是不是自由的；另一组被试阅读的篇章里将自由意志描述为不存在的——认为人的自由是虚幻的、不存在的，一切都是命中注定的。与此同时，研究者对被试的大脑进行了扫描和监测。接下来，研究者要求被试在看到电脑屏幕上光标闪烁时按下鼠标键。那些阅读了关于自由意志不存在的内容的被试，大脑的反应速度要低得多，他们的行动似乎更难自主控制。研究者认为，如果人们被灌输了自由意志不存在的想法，他们的大脑可能会变得更加迟缓。也就是说，当我们感觉自己是不自由的、不能掌控局面的，那么我们的大脑就会变得迟钝，我们的行动力就会降低。不相信自己能做到、是自由的，会让人变得没有行动力。反之，感觉自己是自由的、自控的，会让人变得积极主动。这足以说明，自我掌控感从根本上驱动着人的行为，掌控感就是驱动力。

在心理学家的另外一项实验中，研究者让被试向路人求助——要一点零钱坐车。被试在向他人求助时分别采用了不同的说法，一种强调了对方有自由决定权，比如说："您有决定是否帮我的自由，如果您方便，能给我一点零钱坐车吗？"，另一种说法是："请给我一点零钱坐车好吗？"研究人员统计了两种情况下提供帮助的人数和额度，结果出现了明显的差异。在强调对方是"自由"状态的情况下，有更多人愿意提供帮助，而且提供帮助的平均金额更大。

自主感是让用户感觉自己有信不信的权利、买不买的自由、给不给的自由、参加不参加的自由、做不做的自由，等等，而不是受到外力左右和胁迫。自主感是让用户感到并相信自己是自主的、自控的。让用户体验到自主感和掌控感，会提升用户的自信心和积极性，促进用户的消费和参与行为。

真正可以消除用户对在线购物的不确定心理的标志性规则是承诺无条件退换货。有了这条规则，用户才愿意积极尝试各种在线消费。因为这给了用户掌控感，用户相信当产品有问题时可以

第五章 用户自驱力的第 4 张画像：自控我 VS 失控我

顺利退换货。但是随着在线消费的发展，各种新的不确定因素产生了。这种情况下平台是如何解决的呢？

如今的电商平台每天都在搞促销，这就让大部分的用户产生了一种不安全感，生怕今天买明天就降价。当用户有购买需求的时候，会想要等到大促再买。京东为了打消用户的这种顾虑，推出了价格保护的措施。用户购买后的一周或者半个月内，如果产品降价了，可以申请价格保护，系统会自动退还差价。这样一来，就打消了用户怕买亏的顾虑。

对于在线买菜，用户心中也有个很大的顾虑，那就是担心缺斤少两。因为蔬菜不是标准包装的产品，需要人工称重。这中间很容易出现缺斤少两的问题。那么平台是如何打消用户的这种顾虑的呢？当用户提交订单后，后台配货的过程中会根据蔬菜实际的称重误差向用户退回一些零钱，如退给用户 3 分钱、8 分钱等。虽然退回的钱很少，退不退用户也不是很在意，但是这种举措大大提升了用户对平台的信任感。因为连几分钱也会不怕麻烦地退给用户，那还有什么好担心的呢？这样的举动彻底打消了用户的顾虑。这就是平台的用心之处。

用户始终在追求自我掌控感。掌控感是用户时刻存在的自我需求。因此开发产品时一定要时刻考虑如何让用户体验到自我掌控感。在设计 App 的时候，要让用户时刻感知到自身所处的位置，如用户发了一条视频，平台一定要为用户提供相关的数据，让用户知道自己视频的播放量在站内的水平、什么人在看，以及观众对这条视频的反馈等信息。这些信息都会给用户提供掌控感。如果用户将一条视频发布在了平台上，就像向大海中扔了一块石头，没有任何回响，用户是不会再做同样的事情的。为用户构建掌控感是非常重要的事情，因为掌控感是驱动用户与平台、品牌持续互动的基本动力。可惜的是，大部分的品牌、社群、App 都没有有效地利用用户的自我掌控感来驱动增长。

第五章 用户自驱力的第 4 张画像：自控我 VS 失控我

有很多产品是直接利用用户的掌控感来获利的。用户渴望掌控自己运动时身体的状况，而智能运动手表就是为了满足用户的这种需求而开发的。它可以为用户直接提供运动时的心率、燃脂状况、跑步的距离等一系列数据，让用户对自己的身体状况有百分百的掌控。还有儿童定位手表，也是为了满足家人对孩子行踪的掌控而开发的产品。

与自我掌控感对立的，是自我的失控感和无力感，包括：

（1）不安感、不确定感；

（2）被动感、被约束感、被算计感、被禁锢感、被牵制感、被操控感、被欺骗感、被愚弄感、被利用感；

（3）挫败感、失败感、失控感；

（4）无能感、无助感、无力感。

让用户体验到适度的失控感和无力感，也可以促使用户积极地采取行动。唯一不同的是，掌控感越强烈，用户的行动力越强烈，而失控感和不确定感只有在适度的时候才会激起人们的积极行为，一旦超过了限度，这种负面的感觉就会抑制用户的行为。

无论是掌控感还是失控感，都直指"我"处于什么状态——激活自我感受。掌控感会让用户体验到自控的我，失控感会让用户体验到失控的我。深层利用用户自控我与失控我的这张动力画像，可以创造巨大的商业价值。

自增长：让每个用户都成为增长的深度参与者和积极驱动者

// 画像的原则：有限原则 //

我们先来思考一个问题，人们要的是彻底的、无拘无束的自由和彻底的掌控吗？当然不是。重要的是，并没有绝对的自由和掌控。人们要的是掌控和自由的感觉，而不是掌控和自由的事实。给用户适度的限制，用户才能获得掌控感和自主感。适度就是有限的限制，既不是绝对的限制，又不是绝对的无限制。有限原则就是精准勾勒自控我与失控我这张画像要遵循的原则，它也是激活自控我和失控我，有效驱动用户行为，实现自增长的原则。

只有遵循有限原则，才能设计出更具吸引力的产品和功能。有一种针对三四岁儿童的在线美术课，一节课是让孩子们画一个蛋糕。为了让小朋友充分发挥自己的想象力，老师给了孩子们自我发挥的自由——也就是完全由小朋友自己决定怎么画。小朋友喜欢这样的感觉吗？答案是肯定不喜欢。其实，很多小朋友没有画过蛋糕，根本不知道该从什么地方入手，不知道该先画个圆还是先画个方，是先画蛋糕的装饰还是先画蛋糕的主体，等等。另外，即便小朋友们按照自己的意愿画出了蛋糕，大多数画的并不像蛋糕，而且也不好看。这样的课程会让小朋友们既没有掌控感，又没有成就感。

第五章 用户自驱力的第 4 张画像：自控我 VS 失控我

同样是绘画课，另外一个培训机构的课程就很受孩子们的喜欢。原因是他们遵循了有限限制原则。他们并没有给孩子们讲解绘画技巧，而是每节课都带着孩子一步步完成一幅画作。先画个圆，然后在这个圆上涂颜色，接着在左边再画一个小圆……这样一节课下来，孩子们就能创作一幅色彩艳丽、构图和谐的作品。给孩子们一些指导，带着孩子们一步步地完成一幅作品，这就是进行有限的限制。有限限制不但让孩子们有了掌控感，还会让孩子们拥有成就感，孩子们自然会喜欢。

有些儿童编程体验课也利用这一点，通过短短几十分钟便提升了孩子们对编程的兴趣。老师会在 30 分钟内带着孩子们一步步编写一段常玩的游戏的代码。这不仅可以让孩子们感到编程很容易，还会让孩子们很有成就感——孩子们会感觉自己也能编写平时玩的游戏了，这就大大提升了孩子们对编程的兴趣。如果是给孩子们讲解复杂的代码，孩子们几分钟就烦了，会觉得课程枯燥，会产生失控感。

有限限制为什么能给用户带来自主感和获得感？因为有限的限制为用户的自主行为划定了范围，在有限的范围内用户更容易获得符合预期的效果。也就是说，有限限制让用户的大脑变得容易获得目标。特沃斯基和卡尼曼通过实验证实了大脑存在可得性启发法，它是指大脑通过"实例呈现在脑中的轻松程度"来判断实例实现的概率的过程。简单点理解就是，一条信息，大脑越容易想到，就越容易处理它。大脑处理一条信息越快、越轻松，就越容易相信它，越不容易考虑其他信息。举个例子，被催眠的人按照催眠师的引导，进入催眠的状态。催眠师会给被催眠者有限限制的指令和导语，让被催眠者更容易在大脑中展开想象——更容易获得催眠师描述的事物。比如，催眠师会说："想象你面前有一棵大树，它的枝叶很茂密，它的树干很粗壮，一个成年人很难环抱……"这样的描述就是有限的限制，将用户的想象限制在了一定区域内。它让用户很容易在大脑中获得一棵茂密的大树。这样不但会让被催眠者放松——认为自己是自控的，而且很容易进入被催眠的状态。这就是有限限制的魅力所在，它既能带给用户乐趣和方向，又能激活用户的意志。

牢记一点，用户的积极行为是通过有限的限制驱动的。

// 如何设计有限的限制？//

能为用户制造限制感的方法多种多样，接下来就和大家分享两种常用的设计有限限制的方法。

◇ 形式上的限制

第一种，通过形式制造有限限制。我们先来看通过对顺序的限制为用户制造有限限制的方法。一项活动规定，参加活动的人在超市购买6种口味不同的酸奶，就可以免费获得一盒酸奶。第一种购买方式是随便你怎么买，只要买够6种就可以。第二种购买方式是6种口味的酸奶，需要按照一定的顺序来购买，比如，先购买柠檬味的再购买苹果味的。这两种购买方式哪一种更吸引你呢？大部分想要参加这个活动的人，都认为自由选择的那一种购买方式更具吸引力。但是，这些选择自由购买的参与者完成这次活动的人数并不多，很多人半途而废，而选择按照规定顺序购买的参与者完成度要高很多。这就是通过设定购买的顺序来制造有限限制的方法。其实，先买哪个后买哪个并没有分别，区别在于商家要为参与者制造有限限制。有限限制改变了参与者的意志，激起了参与者的购买欲望。

形式上的限制还包括以下几种。

数量的限制，如满减、满赠、2件5折，3件4折等，这些都是在数量上做了限制。

空间的限制，如在手机客户端领到的优惠券，需要到线下的实体店去消费使用。

时间的限制，如每天的清货时间限时折扣，19：00全场9折，19：30全场8折，20：00全场7折，20：30全场6折，21：00

全场5折，21：30全场4折，22：00全场3折，22：30全场2折，23：00点全场1折，23：30免费派送。

人群的限制，如男性勿入等。有些视频的片头会打上"男性勿入"的字样，这样的限制反而会激起男性的好奇心，他们会不自觉地想点开看看。其实视频创作者也并不是不让男性看，只是想通过这种限制让更多男性观看。

选择的限制。我们在网上购物的时候，有时平台会默认赠送一份新品试用装。其实默认赠送的效果一般都不会太好，因为默认的选择就是绝对限制，根本没有激活用户的自主意识。这样用户即便得到了，也不会积极地试用，这就等于无效策略。只要稍加改变，就可以提升用户对试用装的好感。比如，可以让用户在两种赠品中选一个。选择的过程就能激活用户的自主意识，提升用户试用的积极性。

条件的限制。如今的商业价值在很大程度上是通过限制创造出来的。比如，要想成为B站的会员，就需要先答对60道题。这些题都是关于版权和互动规则的。这种做法既能规范用户的互动行为，又能提升限制，带给用户价值感——用户会认为有个账户不容易，应该珍惜。这就对成为会员进行了条件上的限制，从而提升了品牌和平台在用户心中的价值。

这里需要强调一点，有限的限制要伴随行为的限制，以及发生的过程。行为过程就是激活用户深层自我意志的一种方式，制造限制就是为了激活用户的自我意志，没有过程就没有持续的意志。

第五章 用户自驱力的第 4 张画像：自控我 VS 失控我

◊ 表述上的限制

我们不但可以从形式上为用户制造有限的限制，还可以通过表达方式为用户制造有限限制。不同的表述方式会启动用户不同的感觉。

（1）从认知上制造限制。让用户感觉自己在认知上存在缺陷、差距、不对称，就能为用户制造认知上的局限感。比如，你还不知道这种食物是高脂肪的吗？你还在用某品牌的洗发水洗头吗？你还不理解你的同事为什么这样做吗？这就是通过制造认知上的局限给用户制造了有限限制。

（2）从措辞上制造限制。比如，当你在直播间看上一件上衣时，主播说，"这件衣服绝对不能用洗衣机清洗。"这会让你感觉自己受到了限制，买这件衣服是在给自己制造麻烦。如果主播说："这件衣服最好用手洗，轻轻揉搓，这样可以保护衣服。"这样的表述会让你认为不用洗衣机清洗是在保护衣服。虽然两者都是在限制用户的行为，但是不同的表述给用户的感觉是截然不同的。前者让用户感到绝对限制，后者让用户感觉到的是衣服的材质很好。

（3）表现形式上的限制。研究人员普纳姆·凯勒和她的同事们曾做过一项研究，目的是促使人们在流感来临之际，积极地接种流感疫苗。那么，怎么做才能促使人们积极主动地接种疫苗呢？

其中一组被试阅读的选项是他人询问和他人指导的口吻，如"如果今年秋天你想要打流感疫苗，就在此处打钩"。另一组被试阅读的选项是自我陈述的口吻，而且将默认选择改成了二选一的形式，如"今年秋天我要打流感疫苗"，或者"今年秋天我不打流感疫苗"。结果发现，前者愿意打疫苗的人占42%，而后者有62%的人愿意打疫苗。这个结果表明，虽然第一组的方法很有效果，但是进一步做一些调整，就能带来更好的效果。第一人称"我"增强了人们在选择时的自主感——让人们充分意识到这是自己在为自己做决策，自我决策时人们就会积极地采取行动来为自己避免潜在的风险。而如果是第二人称"你"，就有了别人在说的感觉，人们会感觉是别人在提示自己要不要打疫苗。采用这样的人称，人们首先会怀疑别人对自己可能有别的企图。让人们认为是自己主动选择的，是非常重要的事情。在一个越野车的广告中，司机们在悬崖边玩球。广告语是"你可能不会这么做，但你有能力这么做。"这种表达方式就是通过他人的口吻，唤起了用户的自主感和掌控感。

我们一定要记住，限制是可以创造无限价值的，也是创造价值的主要方式。我们需要深入研究和感受限制的强大魅力。

// 有限的边界在哪里？//

有限限制是指不能给予绝对的自由和绝对的限制。这其中有限与绝对的临界点，是用户的自我感觉。一旦用户感受到了限制，

第五章 用户自驱力的第 4 张画像：自控我 VS 失控我

结果就会产生焦虑、放弃、绝望和仇视。让用户意识到没有限制，用户就会感觉无价值、无意义，甚至感觉无助和没有方向。

"双 11"促销中，很多商品售价很低，让用户感觉很便宜，当用户再仔细一看，会发现需要购满 4 件才能享受这个价格。这就是在采用有限限制的策略。用户要想获得低价，就要遵循购满 4 件的有限限制。但是我们会发现，这种策略的效果并没有很好。原因是这样的限制条件会触发用户的选择焦虑。首先，购满 4 件的限制数量较多。大部分时候用户只是看上了该品牌的一两件商品，但是为了凑满 4 件享受折扣，用户不得不继续挑选。这个过程中，用户很容易选着选着就"愤怒了，焦虑了"——用户感受到了明显的被限制感。这就是限制过大，激活了用户的被限制感，引发了选择焦虑。要想让这个策略有效，就要减少凑单的产品数量，让用户可以轻松凑够，如数量限制不要超过 3 件，或者增加一些适合用于凑单的商品。我们要充分意识到，让用户选择一件自己没有购买意愿的商品，是件非常困难的事情。如果非要限制 4 件商品，商家要引导用户去选择这 4 件商品，又或者是这 4 件商品是由商家直接做好的套餐。

另外，有限的边界是不能让用户产生习得性无助。美国心理学家塞利格曼在 1967 年曾做过一项研究。他把狗关在一个封闭的笼子里，只要铃声一响，就对狗进行适度的电击。由于狗无法逃脱，便只能在笼子里不停地挣扎和惨叫。重复多次后，铃声一响，狗便只是趴在地上嚎叫，不再挣扎。接下来，研究者在对狗进行电击前，先把笼门打开。这个时候奇怪的事情发生了，狗在接受电击的时候依旧趴在地上呻吟和颤抖,并不会逃走。这一项研究表明,反复对动物进行不可逃避的电击,会令其产生无助感和绝望感,最终导致动物放弃反抗,直接接受电击。这就是习得性无助。习得性无助是指个体经历过几次面临不可控情境时,无论怎么努力也无法改变事情的结果后,形成不可控认知,继而导致放弃努力的一种心理状态。心理学家通过对人的观察和实验,在人身上也得到了与习得性无助类似的结果。一个人如果总是在一个行为上失败,那他就很容易放弃这个行为。人们的消费行为也是这样的。例如,当人们反复购买减肥产品,结果减肥一直失败时,就会产生习得性无助——放弃减肥,任由自己做个胖子。习得性无助会让用户自我限制。自我限制是指人们认为自己这不行那也不行,这做不了那也做不了,结果就是不再争取,不再努力,不再采取任何行动,即接受现状。这就是我为什么要强调限制的有限原则——避免用户产生习得性无助——不相信通过消费、努力能改变自己的状态,从而直接放弃尝试。

用户一旦产生习得性无助,商家采用的刺激策略就会失去作用,同时商家也会失去用户的信任。现在的推销电话大部分都采用智能呼叫,也就是用计算机软件自动呼叫,甚至一些银行的客服电话也在采用这种方式联系用户。起初用户会积极接听电话,担心错过银行的重要通知,如账单逾期未还的提醒等。可是当用户接听后发现是智能语音系统在向自己推销刷卡优惠活动,如在×月×日前,刷卡满8000元减30元现金,接到两三次这样的电话后,用户就会从银行的推广行为中习得一种结论——银行电

第五章 用户自驱力的第 4 张画像：自控我 VS 失控我

话等于推销电话。于是当再次接到这样的电话时，用户就会直接挂掉。这样的行为造成的后果是，当用户的银行卡真正出现问题的时候，银行想要快速联系到用户，就成了一件不容易的事情。智能技术可以给我们带来便利，但是如果只是看到了便利的一面，而没有注意到它的局限性，那么智能技术就会成为商家和用户沟通的屏障。

虽然有限限制可以驱动用户的行为，但是如果限制的尺度掌握不好，就很容易产生负面的效果。人与动物不同的是，动物产生习得性无助时，更多时候是默默地忍受，而人是会产生报复心理的。我们采用的有限限制策略的底线，是避免用户产生仇视心理。比如，买 × 件打 × 折的活动，如果让用户感到品牌是在刻意限制自己享受低折扣，用户就可能会报复品牌。比如，用户会先按照规则购买，然后采用退货的形式把不想要的拼单产品退掉。这样一来，商家就得不偿失了。还有商家用的是分享得现金的策略，如果限制过度，用户也会给平台狠狠地记上一笔。这样的营销形式如今在朋友圈还有市场吗？这种形式如今早已成了口口相传的"朋友圈最不能做的三件事"之一，已经失去人心，因为它伤害到了用户。如果用户还留在平台，那也是为了获得一些可见的、既得的利益。对于商家的承诺，用户会统统抱着怀疑的态度去看待。这在无形中加大了平台的营销成本。面对限制更有意思的现象是，在有些店铺里，晚上 9 点半以后会有一些大爷大妈拿着一筐菜不结账，在那里等着，一直等到 10 点打折清货的时候才去结账。虽然这是个别现象，但是我们要充分意识到，限制用得好是利，用

自增长：让每个用户都成为增长的深度参与者和积极驱动者

不好就是弊。

所以，考核用户行为研究员、设计师和增长师，要看这个人是否具备结构性思维。作为用户行为研究员、设计师、增长师，不能学了几个技巧就如获至宝，一条路走到黑，否则很容易按下葫芦起来瓢，解决不了根本问题。这样的策略会留下严重的"后遗症"。很多时候，市场的萎缩是在实施策略的时候就已经注定了的。限制虽然能驱动用户的行为，但是一旦过了一个界限，就会产生负面的效果。有限限制是以为用户制造乐趣、价值和方向为原则的，而不能作为商家和平台急功近利、唯利是图的工具。要让用户在不知不觉中享受限制，而不是激起用户与商家斗智斗勇的心理。

// 面对挫败，如何继续驱动用户的行为？//

有限限制的底线是避免用户产生明确的焦虑感、失控感、挫败感、无助感和仇视心理。所以，如何让用户不断地看到希望，重新获得继续下去的动力，就是非常值得研究的课题。接下来和大家分享 3 种让用户在面对挫败时能够重新获得驱动力的方法。

第五章 用户自驱力的第 4 张画像：自控我 VS 失控我

◇ 不断让用户看到可能性

在后文中关于过去我、当下我、未来我的画像中将介绍，用户是活在未来的，用户看不到未来就不会向往未来，而看到未来就是要"偷窥"到未来存在的可能性。用户只有看到了未来的可能性，才会认为自己掌控了未来，才会积极地拥抱未来。所以，让用户感知到可能性，是驱动用户持续某一个行为的深层动力。

很多用户都有过被亲戚朋友要求帮忙在拼多多上砍一刀的经历。只要一点开朋友分享的链接，拼多多就会送用户现金红包，满 100 元可以提现。当用户在拼多多上点了红包后，系统就会提示：

"降低难度，你附近有 5231 人提过现了，送你福气"；

"手气最佳，你上次提现进度 99.9%，超过 130 万人"；

"进度领先，你手气最佳，幸运值 100%"。

如果用户在别的平台参与过类似分享赚现金的活动且最终失败了，那么用户就会认为提现是不可能的。但是当用户看到这样的提示时，他就会心动。因为这些信息提升了用户的掌控感，让用户感觉提现 100 元是"非常有可能的"。这里有提现人数、用户的幸运值等数据，这些信息都暗示 100 元现金唾手可得。

当用户点击抽奖后，系统提示"你中了 99.89 元，仅差 0.11 元提现 100 元到微信"。就差 0.11 元就能提现了，100 元已经在自己口袋里的感觉，让用户迫不及待地点击"继续领现金"。结果会发现自己仅中了1分钱。系统会提示,"仅差0.1元提现100元到微信",同时提示"只要你转发给好友,就能再次获得3次抽奖机会"。虽然用户已经产生了某些不祥的预感,但是一想只差1毛钱了,得到1毛钱太容易了,何况还是3次机会。结果用户就毫不犹豫、信心满满地转发了。果然,系统给了3次机会,但是每次只能抽到1分钱。这个时候用户是什么感觉?自然会有到手的100元从口袋里溜走了的感觉。可是,再看看1分钱、1分钱、1分钱的手气,真的让人很绝望。

系统早就预感到用户有放弃的念头了,就在用户要放弃的瞬间,系统会弹出"沾福气"弹窗,提示"××抽奖12次,成功微信提现100元"。当人们强大的愿望不能如愿的时候,就很容易迷信。这就好比你非常渴望发财,别人告诉你在自己办公桌上放一盆富贵竹就能带来财气,你就会很容易相信。对唾手可得的100元的渴望,会让用户相信沾福气这样的事情。而且系统还提示了不成功的原因——别人是抽了12次才成功提现的,而用户并没有抽够次数。这样的提示告诉用户,你还不够努力,要想提现,就不能轻易放弃。这样的信息再次为用户开启了成功提现的可能。用户点击"沾福气"后,又获得了6次抽奖机会。但是每次抽到的都是0.01元。用户当时应该是绝望的。但是,大大的惊喜还在后面,让用户想不到的是,系统继续用这1分钱作为筹码,让用户完成更多任务。系统会继续使用各种方式为用户开启马上、立刻、就要、已经拿到100元的可能性,让用户欲罢不能地继续玩下去。

这里我们不讨论用户最终能不能拿到这100元。我们要深入研究的是，用户面对挫败，为什么还能不断地继续下去。这一切都是因为当用户面对挫败的时候，系统会采用各种方式让用户看到更大的可能性——让用户重新看到希望，感受到掌控感，从而驱动用户再来一次。我们来看一下，平台从几个方面为用户开启了可能性。

第一，让用户感受到成功近在咫尺，如只差 0.11 元就能提现 100 元了。

第二，让用户感受到自己很幸运的优越感，如手气最佳，超过了 130 万人。

第三，让用户看到成功的路径，如别人是抽了 12 次才成功的。

第四，让用户感受到幸运随时都会发生，就在身边，如附近有 5231 人提现过了、沾福气，等等。

我们不说别的，单纯的可能性就对用户具有巨大的吸引力。前文中我们说过，盲盒都是通过借助不确定性吸引用户的消费行为的。很多时候用户想要感受的，就是这种不确定性带给自己的刺激和惊喜。很多人沉迷于买彩票，就是因为每次失败后总能看到有人中奖，这样就又看到了中奖的可能性。看到中奖的可能性，买彩票的冲动就会重新燃起。由此可见，可能性会打破用户被无助感、挫败感束缚的魔咒，驱动用户重新产生积极的行为。

♦ 重塑标准和价值

自我掌控感和自我价值感是紧密联系的。没有自我掌控感就意味着没有自我价值。当用户感到无助和失控的时候，我们可以从自我价值感着手，通过重塑价值来让用户获得自我掌控感。比如，一个小朋友不愿意写字，我们一定要知道他为什么不愿意写字。很多时候是因为他们对手中的笔没有掌控感。笔在他们的小手里打转，不被掌控，不听使唤，导致小朋友写出的字横不是横、竖不是竖。那么我们该如何让小朋友重获掌控感呢？方法就是重塑价值——重塑好坏的标准。小朋友不愿意写，是因为写字有标准，竖有竖的标准，横有横的标准。重塑价值就是改变这种价值标准。当小朋友不愿意写字的时候，我们可以主动写给小朋友看，然后故意把字写得难看一点——歪七扭八，不像字的样子。然后对小朋友说："怎么样，妈妈和你写得一样好。"写得这么难看也能叫好，小朋友瞬间就会感觉自己也能行。这个小小的举动成功地在小朋友的心中重塑了好坏的标准，让小朋友不再追求写得工工整整。只要小朋友愿意拿起笔写写画画，时间长了对笔有了掌控感，自然就会写得越来越好。再比如，很多人学的英语是哑巴英语，不敢开口说，原因就是对说英语有好坏的标准。很多英语培训中心打破了这种标准，告诉学生敢说才是好的标准。说英语的标准发生了变化，才使学生们愿意开口说，英语表达水平便慢慢得到了提升。

京东有一个白条功能，使用白条支付可以享受分期付款，按月出账单还款。这是一种类似于花呗分期的支付功能。如果用户尚未开通白条功能，每次支付的时候，系统都会提示：开通白条，本次消费可以节省40元。但是，有些用户每次都会对此视而不见。

第五章 用户自驱力的第 4 张画像：自控我 VS 失控我

问题来了，为什么面对这样的诱惑，用户每次都会残忍地拒绝呢？其中很大一部分用户是因为产生了习得性无助。用户开通白条需要经过系统审核，白条在刚推出的时候审核标准高，步骤也比较复杂。很多用户曾经试图开通，但是都被告知没有达到审核标准。关键是，系统会不定期地再次邀请用户开通白条，结果还是不予通过。这样反复几次之后，用户就形成了习得性无助。结果就是，在半年或者一年甚至两年的时间内，用户都不再理会开通白条支付的提示。但是在此期间，京东的白条支付功能早已今非昔比，而且开通门槛低了很多。京东为了激励用户开通白条，不断地提示用户采用白条支付立减 40 元。如果经过一段时间提醒后，用户还是没有反应，系统就会认为是刺激不够，于是将优惠金额由 40 元提高到了 70 元。即便是这样，还是不能破除用户的习得性无助。

出现这种激活率低的现象的原因是，系统根本不知道用户不选用白条支付是因为产生了习得性无助。反而认为是对用户的刺激不够，认为可以通过不断地刺激和加大优惠力度来促使用户开通白条支付。结果就是，可以非常简单且不需要一分钱投入就能激活一个白条用户，系统却花了 70 元的激活成本。这就是对用户行为理解不够而无谓增加的成本。

那么，该怎样消除用户的习得性无助呢？当刺激存在（立减 40 元或者 70 元）的时候，如果没有激活用户的行为（开通白条支付），首先我们要意识到，用户可能是存在习得性无助。这种无助是之前开通标准过高造成的。这种情况下，只要重塑标准就能有效解除用户的习得性无助。比如，在用户支付的过程中显著地提示："恭喜您！您已符合开通白条支付的条件，马上去享受更多支付福利吧！"这样一来，用户就会意识到自己现在达标了，之前形成的无助感就会被破除。当用户需要时，就会自觉地开通白条支付。在消除习得性无助的情况下，给出的优惠刺激才会有效。由此可见，用户的习得性无助才是刺激无效的症结所在，而不是刺激的力度。

另外，让用户形成习得性无助的，是用户系统设计方面的缺陷。系统已经知道用户不具备开通白条的条件，还要不断地提醒用户选用白条支付。结果就是，用户每次尝试都失败。这种失败是系统为用户制造的，这样的系统是一种低效的系统。

关联线索多元化

用户对事物的掌控感是与各种线索关联在一起的。当多种线索与产品或者事物关联在一起的时候，用户更不容易对其产生失望感和失控感。比如，你喜欢喝可乐，是因为它和愉悦的感觉关联在一起。可口可乐的广告中不断地塑造各种与产品相关的线索，如开瓶盖"砰"的一声，以及喝可乐后打嗝的声音线索，可乐冒气泡的视觉线索等。塑造这些线索与可乐的关联，就是在塑造与愉悦感的关联。当一条线索失效或者无法被获得时，只要其他线索还存在，用户就依然能从可乐中获得愉悦的感觉。比如，当你满怀期待地认为开瓶盖可以发出"砰"的一声时，并没有产生这

第五章 用户自驱力的第 4 张画像：自控我 VS 失控我

样的效果，你可能会很失望。但是接着瓶子中冒起的丰富泡沫，也会让你感到愉悦。如果前两条线索都没有发生，那么，你喝可乐的时候打了个嗝，你依然可以从中体验到掌控感。如果将可乐与愉悦感关联起来的线索是单一的，那么一旦这一线索没有出现，你对这个产品的掌控感就会消失。用户的消费行为一定是在掌控的驱动下产生的。期待的结果没有出现，就会抑制用户的行为。另外，用户对一个产品的感觉存在预告片效应，后文中我会深入和大家分享。在这里大家只要记住，多围绕产品制造线索即可。

记住，用户的掌控感很大程度上来自大脑在事物之间建立的复杂关联。一个产品关联的线索越多，人们对它的掌控感就越强烈。这就是当上帝为你关上一扇门的时候，你发现还有一扇窗敞开着，就不会感到失望，你就会认为自己还掌控着自己的世界，就会积极地去面对世界。多线索关联让限制变得更具弹性。

第六章

用户自驱力的第 5 张画像：
共性我 VS 个性我

· 画像原则：价值原则 ·

// 用户始终在追求个性我 //

大脑自我保护的意志通过自我掌控感来变得可实施、可操作，那么自我表达和实现的意志通过什么来实施和操作呢？它就是自我价值感。自我价值感是驱动用户行为的第二种基本的驱动力。

人类归根到底是一种社会性的存在，不管自我的力量以什么样的方式存在，它根本的属性都是社会性。自我的根基是社会性，脱离社会性自我就不存在了，起码是没有了现在的状态。所以人类所谓的自我价值感都具有社会性。接下来和大家分享用户自驱力社会性的两张画像：共性我与个性我、镜中我与心中我。同时，这也是追求自我价值感的两张画像。我们先来看用户寻求自我价值感的内在机制的第一张画像：共性我与个性我。第二张画像将在下一章介绍。

你认为自己是独一无二的，还是与大多数人一样平平无奇的？我们大多数人都认为自己是独一无二的，与他人存在本质上的不同。我们有这样的自我认知，完全是因为我们独立的、封闭的外在躯壳，制造了边界感和封闭感。这种感觉给了我们与他人存在区别和分界的错觉，让我们感觉自己是独立的个体。这种独立性的错觉，成了人们的自我信念：我与他人不一样，我是独立、独特的存在。

当我们大脑中产生了"我""我们"的观念和认知时,我们心中的这个世界就发生了根本性的变化。"我"是独特的存在,这种信念会时刻左右我们的行为。杰佛瑞·莱奥纳尔代利(Geofrey Leonardelli)和玛丽莲·布鲁尔(Marilynn Brewer)曾做过一项研究,他们让被试凭直觉说出屏幕上圆点的数量,然后告诉被试,大多数人都高估了屏幕上圆点的数量,只有少数人低估了这一数量。随后研究者随机将被试分为两组,告诉其中一组他们低估了圆点的数量,而告诉另一组他们高估了圆点的数量。研究者并没有说高估或者低估代表的意义。被试只知道自己属于多数群体还是少数群体。结果发现,知道自己属于多数群体的被试,自信心受到了打击——产生了负面的自我感觉。这个实验证实,人们习惯性地认为自己是与众不同的、独特的,是少数的存在。一旦把自我归为大多数,自我就会习惯性地排斥,习惯性地认为是不好的。因为人们普遍认为大多数人是平庸、平凡、无价值的。

用户对独特性的追求会随情景和环境变化自动进行调整,以此来体现自我的独特性。就比如在学校里,我们很少用"学生"来强调自己的身份,而是会强调自己是学习委员、运动健将等独特的身份。走出校园,走进公共场所,如在商场、地铁站,我们会更多地强调自己的学生身份。寻求独特性的意志,促使自我在不同的情境下,变成不同的样子,以此来维护自我的独特性。记住,自我总是试图将自己从大多数的人群中分离出来,以体现自身的独特性。

第六章 用户自驱力的第 5 张画像：共性我 VS 个性我

我们要明确一点，用户要的是独特感，是心中的一种感觉，而不是独特的事实。用户认为，自己说的话、做的事、穿的、用的等都是与他人存在差异的，是独特的。但其实呢？用户穿的耐克与他人的有什么不一样？用的苹果手机与他人的又有什么不同？这些本质上都是一样的，不是吗？用户之所以坚信自己与他人不一样，还是自我价值感在作祟。

// 画像原则：价值原则 //

人们并不是一味地追求个性我的，有时也会追求共性我，也就是让自己与他人的行为保持一致，追求与他人一样的事物，以此来体现自己与他人是一样的、存在共性的。那么，用户在什么情况下会放弃追求自我独特性，转而寻求共性自我呢？

心理学家对前文中估点数的实验研究者，还做了进一步的研究。他们将被试分为 3 组，并分别告诉他们：

第一组属于高估点数的大多数人；
第二组属于低估点数的少数人；
第三组的成绩太特别，不知道该被归为大多数还是少数。

研究发现，属于高估的大多数的被试感觉不开心，因为他们习惯性地追求个性我，而属于低估的少数的被试则很开心。但是第三组没办法被归类的被试，产生了负面的自我感觉。

人们虽然寻求个性我，但是对这种个性我的寻求，并不是越个性、越另类，自我就感觉越好。不是实质上的出格和绝对的与众不同。这里存在一个边界，就是自我价值。自我追求共性还是个性，要看价值偏向哪一边。价值在哪一边，自我就会趋向哪一边。也就是说，用户是追求共性我还是个性我，完全遵循价值原则。一旦追求个性我不能体现自我价值，自我就会放弃追求个性我，转而追求能够体现自我价值的共性我——与他人保持一致。也就是说，用户追求个性我还是共性我，很大程度上是由自我价值感决定的，而不是由追随的人多还是人少决定的。价值与自我价值是紧密关联在一起的，对用户来说，价值是体现自我价值的基础。如果不能从信息和事物中获得价值判断，用户就无法产生行动的动力。

实验中，第三组被试之所以出现负面的自我感受，就是因为自我既不属于大多数人又不属于少数人，令被试产生了自我是另类的极端感觉。这对自我来说是非常危险的信号，意味着自己被边缘化了——丧失了自我价值感。对于人类这种社会性动物，被边缘化意味着没有价值，无法生存。

在事物的价值标准不明确的情况下，用户会习惯地寻求个性我。就像估圆点的数量的实验，高估与低估并不代表任何意义，也不属于道德评判标准，被试会习惯地寻求个性自我。一旦研究

第六章 用户自驱力的第 5 张画像：共性我 VS 个性我

人员对高估的大多数赋予明确的价值和意义，如高估的人是高智商的表现，那么这种局面就会改变，被试就会积极地寻求与高估的大多数的共性。信息和产品激活的自我价值感，决定了用户是追求共性我还是个性我。如果追随大多数能体现自我价值，那么用户就会寻求与大多数的共性；而如果寻求个性我能体现自我价值，那么用户就会寻求个性我。

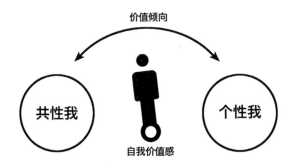

用户是否会产生从众、追随、跟风行为，完全要看能不能体现自我价值。并不是看见他人发评论、点赞，自己就跟着参与；不是看见别人在排队，自己就跟着排队；也不是看见别人围在一起吃大排档，自己就凑上去一起吃；更不是朋友说某款车很好，自己就会跟着买；等等。采取哪种行为完全要看能不能体现自我价值。

根据用户的价值倾向，网店不要轻易鼓励用户晒照片。这是因为，它会破坏商家一手建立起来的价值感。比如，用户看上了一件衣服，是因为帅气的模特穿着很有气质，用户想追求与模特一样的气质——寻求与他人的共性。但是当用户在评论区看到他人试穿衣服的照片时,马上就不想要了,因为衣服皱巴巴的,完全没有了模特穿着时的气质和效果。评论破坏了店铺一手构建起来的价值感,让用户感觉这件衣服不能体现自我价值。用户不想成为晒出照片的那个用户的样子。

同样,用户之所以不参与发帖点赞,是因为他不喜欢文章或内容;用户不跟风排队,是因为一个年轻人跟在一群老太太后面排队没面子;用户不会凑上去和那些人一起吃大排档,是因为他认为大排档不健康;用户不会买朋友推荐的车,是因为他认为朋友没有品位;等等。这就是价值感在左右着用户对产品的偏好。所谓的个性和共性,都是自我意志的表现,是自我对价值的追随。自我价值才是自我行为的风向标,并不是只要有人表明或者公开了某种态度,他人就会产生从众行为。用户寻求社会认同感,是围绕自我价值感展开的,不是随时随地都在寻求认同。记住,用户的行为是围绕着价值兜圈子。

对于一个品牌和产品,真正好的营销就是围绕用户的自我价值感,塑造个性感和共性感。人们在自我价值感不足的情况下,最容易追求个性我——急于通过某种渠道来表达和体现自我价值。麦当劳曾经用过的广告语"我就喜欢",深受广大青少年的喜欢。这是因为青少年是自我价值感不足的群体,他们渴望表达自我,展现自我价值。麦当劳就是抓住了受众的这种心理,以此来让品牌成为表达受众独特个性的载体。

瑞幸咖啡的品牌广告,其中一段独白是这样的:"别替我挑角色，我只选喜欢的；别要我走老路，我只打破套路；别让我随大流，我只跟自己走；别跟我扯别的，我只听自己的。"最后的广告语是"我自有道理"。我们通过这个广告，可以感觉到商家是想让用户借助品牌来获得一种独特感。瑞幸标榜的是一种我行我素的品牌个性。瑞幸咖啡的受众，实际上是初入职场、入世不深的人。这类人群普遍存在自我价值感不足的倾向。品牌就是想借助用户寻求自我价值感的心理，来收买他们的心。满足用户对独特感的追求，会让用户感觉品牌很懂"我"。

自我价值感是驱动用户行为的深层动力。所以，每个品牌、App、社群，都应该竭尽所能地围绕用户打造自我价值感。

// 如何借助个性我影响用户行为？//

要想让品牌、社群、App 对用户产生巨大的吸引力，提升用户的黏性和忠诚度，首先要满足用户对自我独特感、个性感的追求。因为用户习惯性地认为独特和个性才是自我价值的体现。也因此，让用户在品牌、社群、App 中不断获得独特感，成了我们要深入研究的课题。那么我们该如何制造独特感呢？制造独特感有以下几个核心原则。

自增长：让每个用户都成为增长的深度参与者和积极驱动者

◊ 要具有明确的价值理念

我们要明白独特感的本质是什么，是价值和意义。除了价值和意义，事物本身创造的独特感是极其有限的。比如，手机与手机之间外观和配置方面的实际差异是有限的，即便有差异，很多时候用户也是不能直观地感受到的。而用户之所以感受到手机与手机之间是存在巨大差异的，更多是因为品牌价值理念的差异。比如，苹果的核心价值理念是时尚、科技、创新，这就是喜欢苹果品牌的用户追求的独特性所在。

我们思考一个问题，卖手机、卖奶粉、卖服装的商家都有很多，在用户心中，没有 A 商家卖 B 商家就不能卖的道理，也没有谁比谁更好、更原创的概念。而如果为品牌和产品赋予了价值理念，那么它就有了原创的概念。比如，A 手机商家的广告语是"岂止是大"，B 手机商家的广告语是"岂止是安全"。即使不是原封照搬，用户也会认为 B 手机商家在模仿、照搬、抄袭。都在做手机，用户心中没有谁抄袭、谁模仿的概念，而如果价值理念雷同了，就有了模仿和抄袭的嫌疑。这就是价值体现出来的独特感，它是不可模仿的，是品牌和产品的竞争优势所在，是品牌和产品的护城河。深层的独特感是通过价值理念制造的封闭感实现的。因为在用户的大脑中，实物是可以被复制的，但是价值理念不可复制。

品牌、App、社群体现出来的独特性，是通过价值理念制造的。任何破坏价值、贬低价值的行为，都等于是在破坏和蚕食独特感的护城河。所以，品牌、App、社群是不可以什么都做的。比如，一些奢侈品品牌试图扩展一些低端产品，这样做是非常危险的，很可能会让品牌失去独特感。一个品牌、App、社群，没有了独特性还有什么？它就没有价值了。

◊ 制造价值空间

核心价值理念是创造独特感的城墙和边界。要想让用户在"围城"中持续地体验和享受到独特感，就要在价值理念圈起来的围城中制造出空间感。也就是说，要在划定的价值范围内不断地制造各种差异和变化。我们在前文中也说过，要想满足用户的个性化需求，就要让产品多样化。这样每个用户的个性化需求——独特性需求——都能在其中得到满足。

苹果品牌不断地对产品进行更新换代，拓宽产品线和品类，打造品牌内部的差异，如不同机型的差异、外观设计的差异、定价的差异、颜色的差异、功能的差异等，这就是在打造品牌的空间感。这种空间感会带给用户什么样的感受呢？国外一项研究表明，很多人都买了苹果的 iPod，问他们为什么买，他们都认为自己没有受到他人的影响，不像别人一样是受到了媒体和潮流的影响。他们都强调是自己需要，如经常需要看电影，iPod 体型小巧，容易携带；看重 iPod 的品质，喜欢它的某个颜色和功能等。这就是品牌制造的差异，满足了用户对个性化的需求。让用户有选择自己喜欢的机型、颜色、应用的空间，就为用户制造了独特感和价值感。差异化不仅创造了品牌、社群、App 的内部空间，同时

自增长：让每个用户都成为增长的深度参与者和积极驱动者

也满足了用户对个性我的追求。

三顿半咖啡在咖啡罐上大做文章，从而制造了品牌的空间感。它采用从 0 到 6 的数字标识产品的差异性，代表咖啡不同的烘焙程度。这种采用数字标识产品差异的方式直观地创造了品牌的空间感，让每个用户都能在其中找到自己喜欢的口味。另外，这种采用数字制造的差异性也加大了产品与产品之间的内在关联。而用卡布奇诺与拿铁这样的名称来标识产品差异，给用户的感觉是这两者没有关联，因此用户喝完卡布奇诺后不会有想要喝拿铁的冲动。而数字标识则不同，数字在用户的心中是存在关联的。当用户尝到标有"1"的咖啡时，会有想要品尝其他 5 种的冲动。好像不品尝剩下的几种，就没有喝到一杯完整的咖啡。这就像你走进一栋房子，如果每个房间都是用数字标识的，你参观完 1 号和 2 号房间，而没有参观 3 号和 4 号房间，就会认为没有参观完这栋房子，对这栋房子的格局和风格还不了解。而如果这栋房子内没有这些标识，当你参观完其中两间房间，就会认为自己充分了解这栋房子了。品牌在制造差异的同时要加强产品之间的内在关联，这样的关联性可以促使用户深度体验。

品牌、社群、App 制造空间感的核心，就是不能让用户在群体中彻底满足对个性我的追求。一个成功的品牌和社群的自增长

模式，是能够不断地吊起用户的胃口。一旦让用户"吃饱"，他们会扭头就走。记住，这种空间感是围绕核心价值向外部扩延产生的，脱离核心价值扩延的空间感，会成为沉睡的空间——对用户没有吸引力的空间。

◇ 让价值可感知

无论我们创造了什么价值，都要让用户对其可感。独特感虽然都是围绕价值这个看不见的概念构建出来的，但是任何价值都需要让用户直观地感知到，这样用户才会让这种价值成为表达自我的工具。

可感知的价值来自感官的直观体验。比如一款蜂蜜茶，商家告诉用户其中含有蜂蜜，这算是一种可感知的方式，它的包装上印有蜂蜜的图像，这也算是价值可感知。但是这样的可感知效果太弱、太平庸了，用户并不知道里面是否真的有蜂蜜。可感知的目的是凸显价值，如果可感知的表现方式不能凸显价值，那这种方式就是无效的。有一款蜂蜜茶的做法就直观而真切地让用户感知到了蜂蜜的存在。它在瓶盖里面加了一个特殊的小装置，装置里是独立包装的蜂蜜。用户拧开瓶盖的同时，蜂蜜就会被挤进瓶子里。然后摇一摇，一瓶新鲜的蜂蜜茶就到手了。

当我们说到一些能体现产品价值的材料、技术、功能的时候，一定要想尽一切办法让用户对这些可感知。就如添加了蜂蜜，让用户直观地看到其中添加了蜂蜜，就是非常重要的事情。再如采用纳米技术、5G技术等，这些体现了产品和品牌核心价值的信息，都需要巧妙地表现出来让用户可感知。

◊ 将价值符号化和形象化

价值对用户最大的作用就是有助于用户自我表达。将价值符号化、形象化，产品和信息才能成为自我表达的工具。因此，将价值通过符号、形象、标签等表达出来，就能满足用户对自我独特感的追求。品牌的标识，标志性的色彩、图形、图案等，都是价值的表现形式。

耐克品牌会在其衣服上设计大大的标识图案，这个图案越大、越直观，就越具有自我表达性。可感的价值标志和形象，让用户可以借助这些工具使自我价值可表达。

让价值可感的另一种方式就是标签化。很多艺人的"粉丝"都有一个具有代表性的名称，如郭德纲的"粉丝"叫"钢丝"，迪丽热巴的"粉丝"叫"爱丽丝"，孙俪的"粉丝"叫"米粒"等，这就是为群体赋予独特感的方式。一个标签、一个名字，就可以将一群有共同追求的人凝聚在一起。这种标签制造了区别于其他"粉丝"群的独特感，让"粉丝"在其中找到了优越感、归属感、安全感。标签与符号都是价值的外在表现，这些可感知的信息带给了用户某种正面的力量。

第六章　用户自驱力的第 5 张画像：共性我 VS 个性我

♀ 让用户充分地自我表达

让用户充分地自我表达，为用户提供充分的表达空间，就是在满足用户对个性我的追求，就是在帮用户展示自我的独特性。也可以说，表达就是在展示自我的独特性，没有表达自我，独特性就展示不出来。

让用户参与其中，彼此间互动起来，就能满足用户对独特性的表达。豆瓣没有什么高深和复杂的商业思路，为什么能成长为一个优秀的平台呢？根本原因在于它是一个能体现用户自我价值的平台。用户可以在平台上点评各种电影或书籍，表达自我的观点。让用户表达，用户就会感觉独特的我、个性的我的自我价值得到了展现。我们一定要记住，自我价值的很大一部分是由自我的独特性体现出来的。有表达，自我独特感才能得以展现，独特感的展现又让用户体验到了自我价值。这就是其中的逻辑。

如今的社群大部分由一些编辑来为用户制作内容，这种模式的价值极为有限。就拿读书社群来说，要想提升自身的价值，就要从深层次提升每个用户的参与度。提升用户的参与度，不是指那些表面的互动形式，如鼓励用户发内容、参与评论、点赞、转发，而是指用户与用户之间的深层互动。也就是让用户由被动地"看戏"变成主动地"唱戏"；让用户参与到内容的创作中来，为用户设计能够充分表达自我的空间；让用户通过彼此间的互动来体现自我价值。不然，钱花完后，热度就会退却，新鲜感过后就是乏味。不只是读书社群，像抖音、快手这样的平台，也都存在这样的问题。用户与用户之间的互动性较弱，只有少部分用户在与平台进行表面的互动。这种表面的互动对用户自我价值的挖掘和体现并不够充分。要想让一个平台或社群实现自增长，就要实现用户与用户之间的深层互动。不然，你会发现平台的造血功能薄弱，增长越来越乏力，全靠花钱和大量员工被动地输血推动增长。如果能够改变这一点，这些平台和社群就能进入良性的自增长模式。

现代社会的发展越来越趋向于用户中心化。用户中心化其实是中心泛化，让每个用户都成为中心。这其实是脱离以群主、品牌、App为中心，让每个用户都成为中心的信息交互模式。随着人工智能和脑科学的发展，未来的商业模式将完全用户中心化。重要的是，用户中心化将彻底颠覆未来的商业格局。

自增长就是用户中心化的增长模式。这里的以用户为中心，是指让用户之间充分地互动起来，目的是充分调动用户自我表达的欲望。充分地表达自我，就是在充分地体现自我价值，而充分体现自我价值，就是在充分展示自我的独特性。让用户获得独特感和个性感，是用户中心化的一种重要方式。能够体现自我独特性的互动，就是最有价值的互动模式，就是能够持续激发用户潜能和积极性的模式。用户的表达就是在为平台创造价值，是推动平台和社群增长的动力。品牌、App、社群要为用户提供互动的空间、自我表达的空间，让用户在创造自我价值的同时，为平台创造价值，这才是不费力气地实现增长的核心。

无论是品牌、平台与用户的互动，还是用户之间的互动，核心目的都是调动用户的自我表达欲望。自我表达的欲望才是推动品牌、社群、App自觉自动增长的核心驱动力。

// 如何利用共性我影响用户的行为？//

用户的内在动机促使用户习惯性地追求个性我，但这只是一个表象。用户的出发点是独特性，但事实是在追求与他人的一致性——共性。也就是说，用户的动机与实际的行动其实是不一致的。日常生活中寻求独特性的行为有很多，如机场安检走贵宾通道，购买限量版产品，乘飞机时坐商务舱，让孩子上贵族学校、消费高档品牌，等等。这些行为从表面上来看是在寻求自我独特性，是在暗示"我"与某些人不一样，是为了把自己从某个稳定的群体中剥离出来，但实际上是在与另外一些人保持一致。也就是说，用户追求的所谓的独特性，换一个角度来看，就是在追求与某些人的共性。用户所谓的自我独特性很多时候是一种独特感，一种自我欺骗的行为，因为事实是他们与某些人是一样的，只是自我不愿意承认这样的事实。记住，用户要的是自我感觉良好——对个性我的寻求，而不是事实。

用户寻求个性我还是共性我，都是表面的行为，深层的目的都是追求自我价值感。只要价值倾向在他人或者大多数人的一方，自我就会寻求与他人保持一致，寻求与他人的共性。那么，什么情况下用户会追求共性我呢？我们该如何激活用户追求共性我的内驱力呢？

◊ 制造鲜明的价值倾向

当价值明显倾向大多数人的时候，会激活用户对共性我的追求。在德国，人死亡后的器官捐献率是 12%，而在奥地利，器官捐献率却高达 90%。这其中有一个非常重要的原因：在奥地利，人死亡后捐献器官是默认选择，而德国的默认选择是不捐。默认选择给人的感觉是大部分人都是这样选择的，如果自己不做默认选择，就会有被边缘化的风险。默认选择就是一种价值倾向的体现。

"香飘飘奶茶，一年卖出三亿多杯，杯子连起来可绕地球一圈""三亿人都在拼的购物 App"，这样的广告语是不是让你很想尝尝香飘飘奶茶，很想下载拼多多，买点东西？于大多数人而言，答案是肯定的。因为这样的广告语暗示着一种价值倾向——大家都在用，都在买。如果你还没有参与进来，那么这种价值倾向就会让你产生一种偏离群体的压力，好像自己正在错过某个美好的东西。

一些视频博主开篇很喜欢说一句话："很多'粉丝'问我……"

或者是"应广大'粉丝'的要求……"。事实上,也许并没有"粉丝"向他提问或提要求,或者说只有几个"粉丝"有这样的需求。博主这样表达就是在体现一种价值倾向——大家都关注这样的问题、思考这样的问题。博主就是要借助这种假象,让"粉丝"感觉这是大多数人的意愿,自己也不能错过。这就是试图借助大多数人的力量吸引用户的关注。

研究表明,让被试对音乐进行评价时,当个人喜好与群体偏好发生偏离和冲突时,大脑就会报警。如果出现与自我意见一致的被试,这种群体压力就会降低,个体就更容易坚持自己的观点。归根结底,大脑是一个服务于自我价值的"机器",大脑最害怕被边缘化、被孤立。只有独特的、带有明显的价值倾向的时候,大脑才会追随。

◊ 将用户导入不确定的状态

在陌生的、不确定的环境和状态下,用户会感受到孤立感、无助感,这会激活用户对共性我的追求。陌生的环境下,作为一个初来乍到的进入者,用户会非常渴望与他人保持一致。比如,刚做抖音的时候,大部分人会模仿那些成功的大V来创作内容。这就是因为在一个陌生的领域,创作者害怕自己创作的内容没有流量、不受欢迎而产生的追随行为,因此选择模仿大V、与大V保持一致,来获得更多用户的认同和关注。

当我们想在某个购物平台选一件不常买的商品时,会想要关注一下大家都在买什么，大家都是怎么评价的。比如，我们要在京东买一台冰箱，可是对冰箱一窍不通。这种情况下，我们会习惯性地查看冰箱的销量榜，看看大家都在买什么品牌的冰箱，看看大家的评论等。我们想知道大家都看重冰箱的哪一方面，是品牌、款式，还是性能，又或者是容量等。当用户进入陌生的、不确定的状态和领域时，最容易追随大多数人的行为。因此，对于新品或者非快销品，普及用户对产品的认知是个非常重要的工作。因为用户需要参考他人的意见和反馈。这也是小红书这样的内容平台越来越火的原因。用户的认识存在巨大的局限性，而且新鲜事物层出不穷，用户需要不断地对自我的认知进行刷新，所以，做内容的平台才有了新的增长点。

建立统一战线

当用户与他人的目标、需求和立场一致的时候，也会促使用户寻求与他人的共性。社群之所以能将很多人凝聚在一起，其中一个主要的原因就是他们有共同的目标和需求。比如，人们为了更好地学习育儿知识，会加入同一个社群。大家带着同一个目标和需求聚在一起，这就形成了身处同一个"战壕"的亲密关系。这时人们就会很想知道其他人都是什么样的人，渴望与他人的行为保持一致。这个时候，以社群成员的身份和大家分享婴儿用品或者其他产品，在很大程度上要比以群主身份向大家推荐要更有效。

拼团和众筹就是利用这一点创造出的商业模式。新鲜的水果刚上市，大家都想以实惠的价格尝尝鲜，于是人们会一起参与拼团购买，这样大家的共同目标就实现了。众筹也是这样，喜欢同样产品的用户参与众筹，筹款目标完成后，每个参与者都可以低价拿到产品。另外，有些视频博主喜欢在视频的结尾说，视频点赞超过一定数量，他下一期节目就做××，或者就和大家分享××内容等，这也是在利用用户的共同目标，激起大家的一致性行为。

◊ 面对共同的敌人

当用户面对共同的敌人时，也会寻求与他人的共性。这个敌人可以是人，也可以是物或事。比如人们面对疫情，就会渴望与他人保持一致，来对抗共同的敌人——病毒。所以，大家都会自觉地戴口罩、自觉地保持社交距离、积极地洗手。

现如今，糖和脂肪几乎成了我们共同的敌人，于是打着低糖低脂标签的各种饮料、食品应运而生，受到了消费者的热捧；当雾霾成为我们共同的敌人时，防霾口罩和空气净化器开始热销；当电子产品因为对视力的危害而成为我们共同的敌人时，防蓝光、抗疲劳的眼镜就成了大家的追求。只要制造一个共同的敌人，人们的行为就会变得一致。不管这个敌人是真实存在的还是虚拟的，都能产生同样的效果。

用户自驱力的第 6 张画像：
镜中我 VS 心中我

·画像原则：一致原则·

1 // 每个用户都有两面镜子 //

表面看上去每个用户都是独特的,但实际上每个用户都是社会的产物——我中有你,你中有我。用户通过自我价值感实施自我意志的第二张自我画像是镜中我与心中我,这也是用户自驱力的第6张画像。

我们每个人都是通过他人对自己的反映来认识自我的。用户也是通过与他人的互动来认识和调整自我的行为和认知的,他人就是我们每个人的镜子。美国社会学家查尔斯·霍顿·库利早在1902年就提出了镜中我的概念。镜中我是指自我是由周围人反映的观点所塑造的。人们通过调节自己来适应他人,每个人都是他人的作品。查尔斯·霍顿·库利与心理学家乔治·赫伯特·米德曾提出过一个著名的概念,叫"反映性评价"。这个概念的核心是,每个人都会从他人那里得到许多关于自己的反馈信息,这些信息有些是语言的,有些是非语言的,人们就是利用这些信息来理解自己到底是谁、是什么样子的。

心理学理论也指出,大脑可以模拟他人怎么看自己。大脑通过想象来模拟与他人的关系,以及他人的反应,如模拟向他人发出请求,别人是拒绝还是接受。大脑的这种功能是镜中我对人们

自增长：让每个用户都成为增长的深度参与者和积极驱动者

产生影响的根本所在。下面这个经典的扑克牌游戏，就很好地证实了这一观点。

组织 20 个人一起玩这个游戏。大家从一副标准的扑克牌里任意抽出一张，并把它举在自己的额头处。每个人都不知道自己的牌是多少，但是可以看到其他所有人的牌。然后每个人都要找到一个人来与自己进行配对，配对的目的是要组成一对牌面最大的牌。开局时你知道其他所有人牌面的大小，唯独不知道自己的。但是游戏开始后不久，这种局面马上就会被打破，你马上就会知道自己的牌是大还是小。这是怎么做到的呢？因为拿到红桃 A 的那个人，将有一大批"追求者"，其他人都希望与拿到红桃 A 的人配对。而拿到黑桃 2 的那个人，并没有什么人愿意和他配对。这样一来，人们当然很快就知道自己牌面的大小了。

用户认识自我的方法与这个小游戏很相似。接下来的这句话非常重要，它是对用户认知和行为理解的终极目标。只有真正认识到这句话的意义，用户才能真正掌握在自己的手中。这句话就是"用户并不真正了解自己到底是谁，是怎样的人，想要和需要什么。"用户都是通过观察别人来找到和发现自我的。他人对用户的影响是直接的、深层的，也是潜移默化的。这样的影响完全是因为人类是社会性动物——依赖与他人的协作生存。个体为了更好地在群体中生存，才赖以他人塑造自身。所以，他人就是自我的一面镜子。

对于自我来说，还有另外一面镜子——心中我。用户的心中我

第七章 用户自驱力的第6张画像：镜中我 VS 心中我

是指"我"是谁、"我"要去哪里、"我"追求什么、"我"是怎样一个人、"我"要成为什么样的人等一系列自我认知。这些自我认知构建起了我们在自己心中的样子，即心中我。每个人心中都有一个期望、渴望的自我，或者说是自认为的"我"。这个心中的自我，是自我理想的样子。哲学家艾伦·沃茨认为"自我就是每个人相信自己是的那个人"，心中我就是我们相信自己是的那个人。而这个心中我就是用户行为的镜子，时刻鞭策着用户的行为，让用户向心中我的样子调整和看齐。

社会心理学家罗伯特·维克隆德和谢利·杜瓦尔曾做过一项研究。他们让被试坐在镜子前，并且告诉被试正在给他们录像。结果发现，在这样的状态下，被试的行为会发生改变。他们在完成实验任务时，会更加认真和努力。回答问卷时也与他们的实际情况更相符。他们的行动前后表现得更加一致，更符合自己的价值观。原因就是当被试坐在镜子前时被激活了自我意识。这会让被试向理想中的自我调整——变得更加认真和努力，因为大多数人的心中我是认真、努力的。

当然，这其中也有镜中我对被试的影响。当被试意识到有人在给自己录像时，就激活了他人眼中的"我"——镜中我。被试为了在他人心中塑造正面、美好的形象，会表现得更积极和努力，以此获得他人的认同和肯定。因为被试希望在他人眼中自己是努力和认真的。

我们要明白，用户的心中我是怎样形成的。心中我是镜中我

自增长：让每个用户都成为增长的深度参与者和积极驱动者

塑造的。这就好比用户之所以在意自己对不对、帅不帅、好不好，完全是因为在意他人怎么看自己。简言之，用户在意是因为他人在意。用户心中我美丑、对错、好坏的标准，是在他人的影响下树立起来的，不是自己凭空创造出来的。用户的心中我是社会（他人）塑造的，是社会性的自我。用户追求的心中我，是为了适应这个社会。没有社会这个属性，用户就没有所谓的自我。所以在这里我们要明白一点，心中我是社会性的产物，是镜中我的一种自我内化——把他人眼中的"我"，内化成自己自觉追求和遵循的标准。英特尔有一则广告，画面是一个年轻人在自己的电脑旁思考"我的电脑需要多快的速度？"答案是"它需要比我朋友老王的电脑更快"。其实我们不知道自己到底需要多快速度的电脑，我们所谓的快，是别人的快。镜中我与心中我两者之间没有分界线。很多时候，用户的心中我和镜中我是交织在一起的。激活镜中我的同时能激活心中我，激活心中我的同时也能激活镜中我。这是需要我们深刻理解的用户认知。

// 画像原则：一致原则 //

镜中我与心中我对用户行为的影响存在内在的逻辑，也就是遵循一致原则。激活镜中我或心中我，用户就会对自身的行为进行调整，以达到让自己与镜中我或心中我保持一致的目的。用户

第七章 用户自驱力的第6张画像：镜中我 VS 心中我

的行为与镜中我或心中我保持一致，归根到底还是用户认为镜中我或心中我能体现自我价值，能满足自身对自我价值感的追求。其中的核心还是自我价值感在驱动用户保持一致的行为。所以，镜中我和心中我这张自我画像的画像原则就是一致原则。抓住这个原则，我们才能精准、有效地通过唤醒用户的镜中我和心中我影响用户的行为。

当用户意识到他人在关注自己时，就会激活自己的镜中我。用户的行为会向自我期望他人怎么看自己的方向调整，或者说向他人眼中理想的样子调整，以此来迎合他人对自己的期待。比如当我们意识到有人在看着我们的时候，说话会尽量保持前后一致，更不会做道德败坏的事情。另外，镜中我激活后，用户会更容易与他人的期望和行为保持一致，如别人抢购的时候用户也容易跟着抢购，别人排队的时候用户也跟着排队，等等。

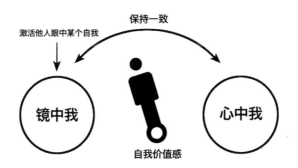

当用户产生自我意识并注意到自己的时候，会激活心中我。用户会向自我心中理想的、完美的样子调整，让自己与理想中的自我保持一致——内外一致、言行一致、行为前后一致、行为和

价值观一致。比如,当用户注意到自己的长相时,会想:"我的鼻梁有点低,我说话的样子有点怯,我今天的发型有点乱,我穿的衣服有点肥……"这样的自我意识会让用户想要整理自己的头发和衣服,甚至想要整形等。

镜中我或心中我对用户产生影响需要3个步骤:激活自我,设置参照点,产生一致行为。

首先,激活用户自我的方式是,让用户意识到或者感受到他人的存在,或产生自我意识——关注到自己。美团外卖就是采用镜中我的逻辑来管理他们庞大的骑手群体的。用户下单后,平台把对骑手的管理权分配到了用户手中。美团的智能化平台会持续向用户推送订单的动态信息,如外卖骑手几点拿到订单,现在走到什么位置了,所走的路径,还差几分钟送到等。一旦骑手绕路或者超过2分钟没有送到,用户就可以立刻与骑手联系。虽然大部分用户都不会一直关注订单信息,但是对骑手来说,实时产生的行动轨迹数据,让他们意识到用户和平台时刻在盯着自己。这就好像头顶上有摄像头一样,时刻监控着骑手的一举一动。记录骑手的行为数据就是一种激活骑手自我意识的方式,因此大部分骑手会尽心尽职地将餐准时送到用户手中。借助骑手的这种心理来管理几百万人的团队,为公司节省了巨大的人力和物力成本。这就是在系统中导入自增长模式的价值所在。

要想唤醒用户的镜中我,就要想尽一切办法让用户暴露在他人的监控、注视、关注之下。或者说,要让用户意识到他人对自我的关注和监控。这种关注和监控可以是直接的——他人在现场,

第七章 用户自驱力的第 6 张画像：镜中我 VS 心中我

比如我们在讲台上讲话时会非常紧张，就是因为他人直接的注视激活了我们的镜中我，让我们很在意台下的人怎么看我们。这种关注和监控也可以是间接的——真人不在现场，比如现在的无人超市，超市里没有收银员，顾客自助结算，但是为什么顾客不会把产品直接拿走呢？原因是顾客知道有监控在盯着自己。只要意识到和感受到他人的存在，就会激活用户的镜中我，让用户调整自己的行为——向理想的、符合社会规范的方向调整。激活用户的自我是非常重要的环节，若不能有效地激活，就不能高效地对用户的行为产生影响。

其次，设置参照点，让用户选择某个自我作为行为的参照点，如正直的、诚实的、慷慨的自我，又或者是美好的、有价值的自我等。

用户心中的参照点以两种方式存在。一种是一直存在于用户心中的，比如，大多数人都认为自己既好又对，符合社会规范和道德，掌控着自己的生活。这是每个人心中理想的自我，是一种正向偏见，也是大部分用户行为的内在参照点。

参照点的另一种存在方式是随机产生的，它是用户在不同的情景中唤起的，如登门槛效应，我们先答应别人一个小的请求，就在自己的心中建立了一个参照点——自己是乐于助人的人。接下来他人向我们提出一个大的请求时，我们就会很容易地答应。这就是因为他人为我们随机设置了一个参照点，然后我们为了让自己与这个参照点保持一致而产生的行为。随机性的参照点包括前后一致、言行一致、内外一致、想象和实际一致等多种类型。

有效地激活镜中我虽然能让用户变得积极并产生亲社会的行为，但是还要遵循一个原则，即避免让参照点与用户产生较大的差距。如果设置的参照点与用户的差距较大——过高或过低，那么不但不会激活用户与其保持一致的行为，还会抑制用户的行为。也就是说，激活镜中我既能触发人的行为，同时又能抑制人的行为。所以我们一定要清楚地意识到，镜中我是抑制了用户的行为还是触发了用户的行为。

在水滴筹中，如果有人捐得太多，则很可能会起到抑制他人捐款行为的负面作用。人们捐多少钱，很多时候是通过看别人捐多少来决定的。和患者关系比较近的人为了带动大家捐款，通常会捐得比较多，但是这种行为很多时候并不能带动大家捐款，反而会抑制他人的捐款行为。因为人们看到别人捐那么多，自己如果捐得少了，会很没面子，毕竟朋友圈里熟人居多，大家捐了多少钱一目了然。人们为了避免给自己造成负面的自我感觉——小气，就会装作没看见捐款信息，一分钱也不捐。这就是因为捐得过多的人为捐款的行为设置了一个标准。想要捐款的人如果达不到这个标准，心中就会产生负面情绪。为了不让自己产生负面情绪，想捐款者采取的保护策略便是不予捐款。由此可见，设置参照点的时候一定要考虑到用户与这个参照点保持一致需要付出的代价对用户的影响，以及用户与参照点保持一致的意义和价值。

最后，明确让用户产生什么样的行为反应——与参照点保持一致。一致原则是与参照点保持一致，也是我们激活用户镜中我和心中我要达到的核心目的。当我们能够有效地激活用户的自

第七章 用户自驱力的第 6 张画像：镜中我 VS 心中我

我，也为用户设置了有效的参照点后，接下来用户的行为就会自觉地与参照点保持一致。

有些商家的客服在与用户沟通前，会这样自我介绍："您好，我是实习客服……"大家应该已经意识到了，这种做法已经左右了用户接下来的行为。客服强调自己"实习"的身份，是将自己放在了一个弱者的位置，降低了用户对他的期待，同时激活了用户的心中我——宽容、善良的自我。激活这样的自我，是为了影响用户接下来的行为，让用户的行为与这样的自我保持一致——暗示用户需要有耐心，对服务上的不周之处多担待。这样的自我被激活后，面对客服不好的表现，用户会更有耐心，至少不会因此愤怒不满。自我是与行为紧密联系在一起的，两者保持着高度的一致性。激活什么样的自我，用户就会产生什么样的行为。如果明知客服处于实习阶段，用户还是表现得不耐烦，那么用户恐怕就会产生心理感觉，认为自己没度量、不宽容、不善良。这是用户不想体验到的自我感觉。商家利用一个简单的话术，就塑造了用户的行为。

其实，生活中我们很善于利用这一点来影响他人的行为。比如，我们在与他人沟通的时候，一上来先谦虚地说："我在这方面一窍不通，您多担待。"这样的话就激活了对方的心中我——宽容、豁达的自我。接下来对方的行为会与这个激活的自我保持一致——更加耐心地为我们讲解，与我们沟通。同样的，我们在自己的车上贴上"实习"的标签，或者在论坛和游戏中给自己加上"菜鸟"的标签，都是为了激活他人心中那个宽容、善良、豁达的自我，让他人对我们友好一点、温柔一点、耐心一点。

自增长：让每个用户都成为增长的深度参与者和积极驱动者

// 利用镜中我塑造用户行为的方法 //

借助镜中我和心中我影响用户的模式中，最重要的是激活的环节。一切都需要建立在让用户感受到和意识到的基础上，这样制订的策略才有效。接下来我将和大家分享4种常见的激活用户镜中我的方法。

◊ 用行为激活镜中我

心理学家曾做过一个实验，他们向一些登山运动员推销一整块奶酪，大概有1公斤，价格为8欧元。结果登山运动员都拒绝购买，拒绝的主要原因是负重1公斤去登山实在是个沉重的负担。在这种情况下，不购买是合理的，毕竟是要去登山。

在被拒绝后，他们又向登山运动员推荐了较小块的奶酪。结果发现，推销大块奶酪被拒绝后再推销小块奶酪，有24%的运动员会购买。而直接向他们推销小块的奶酪，购买者只有9%。运动员对自己不愿购买大块奶酪给出了合理的解释，如果连小块的也不买，那么他们就会在他人眼中留下吝啬、言行不一的印象。说出不购买理由的这一行为，就是通过设置参照点来影响运动员购买奶酪的行为。

行为也能直接激活用户的镜中我——他人眼中的"我"。海

第七章 用户自驱力的第6张画像：镜中我 VS 心中我

底捞的服务理念就是利用了用户镜中我的心理。从顾客走进店里那一刻开始，就会有服务员一直关注着顾客的需求，尽可能地为顾客提供帮助和服务。最后服务员还会满脸微笑地跟顾客确认："您觉得我们的服务怎么样？有什么需要改进的地方吗？"看着服务员发自内心的笑容，即便有什么不满意的地方顾客也说不出来了，只能跟着服务员的节奏，微笑着说："非常好，非常棒！"服务员的热情就是在告诉顾客，在他们心中顾客是重要的，是值得尊重的。顾客为了与服务员心中的样子保持一致，就会表现得通情达理、宽容豁达。当顾客对服务员的服务表示出认同的时候，顾客就会发现自己在内心深处也认可了他们。

为用户提供无微不至的服务，其实就是利用行为来启动用户的镜中我。当顾客走进高档酒店，服务员为顾客提供极致的服务，这样的行为就是在告诉顾客，"你在我们眼中是高贵的、值得尊重的"。这使顾客不自觉地让自己的行为与镜中我的形象保持一致，顾客就会很乐意给服务员更高的小费。看到这里大家应该知道为什么一定要为用户提供无微不至的服务了吧，我们对用户越好，用户就越能感觉到自己在我们眼中是高贵的、重要的。为了与这样的高贵形象保持一致，用户就会表现得慷慨——愿意消费，愿意买更多东西。

现在是个盛行网络打赏的时代。打赏这种行为利用的也是激活用户心中我和镜中我的动力原理，线下也有商家利用这点赚得盆满钵满。一家卖烤串的店，就开设了一种打赏的方式。每个服务员都戴有一个胸牌，顾客扫描上面的二维码就可以为其打赏4元钱。这项服务一推出，就引来了顾客的积极参与。商家每年获

自增长：让每个用户都成为增长的深度参与者和积极驱动者

得的打赏费高达百万元。这样的操作之所以能吸引顾客参与，最主要的原因是它同时激活了顾客和服务员的镜中我和心中我。打赏他人会让打赏者体验到自身的优越感、价值感。我们之所以会给路边的乞讨者钱，更多的是因为这种行为让我们感受到了自己是善良的人。打赏服务员让顾客感受到了慷慨的、善良的自我——激活了顾客的心中我。反过来看，打赏行为也有镜中我驱动的成分。打赏行为是顾客试图在服务员心中塑造慷慨的、善良的自我形象。正因为打赏能同时激活心中我和镜中我，网络上才有那么多人愿意花上千元、上万元去打赏他人。

另外，当服务员被打赏时，也会激活他们的镜中我，感受到自己在顾客眼中是值得尊重的、值得肯定的人。这样便可以大大提升服务员的积极性，让他们更乐于全心全意地为顾客服务——保持与顾客心中服务员形象的一致性。就是这微不足道的4元钱，既影响了顾客的行为，又影响了服务员的行为。记住一点，只有把用户看得高贵、重要，并对他们表示出尊重和关怀，我们才能真正摸到财富宝库的大门。

◊ 用标签来激活用户的镜中我

用户是通过他人来认识自己的。当用户从他人那里得知自己是怎样的人时，就为自己设定了一个自我是什么样子的参照点。接下来用户就会与这个参照点保持一致，也就是先将用户放进一个预设的框架内，设置一个自我参照点。这样一来，用户的行为就会被限制——与设定的参照点保持一致。

贴标签也是这样的作用，当我们为他人贴上某种标签的时候，他人就会向这个标签看齐。第二次世界大战期间，美国心理学家在招募的一批行为不良、纪律散漫、不听指挥的新士兵中做了一个实验：让他们每人每月向家人写一封信。写什么呢？写自己在前线遵守纪律、听从指挥、奋勇杀敌、立功受奖等内容。半年后，这些士兵发生了很大的变化，他们真的像信上所说的那样努力了。这种现象在心理学上被称为标签效应。美国心理学家贝科尔认为，人一旦被贴上某种标签，就会成为标签所标定的人。当为用户贴上某个标签时，用户就会进行自我管理，使自己的行为与所贴的标签一致。

任何的标签背后都包含着一系列的属性，都指向一种模式。标签可以启动人们的感觉模式，促使人们做出模式化的反应。我一直在说大脑是模式化的"机器"，不要认为大脑有多高级，它是被束缚在模式中的。比如，我们夸奖别人"你真是个有礼貌的人"，接下来对方就会变得有礼貌。在和我们谈话时，对方不会打断我们，而是更愿意聆听。标签就是触发按钮，它可以触发人的一系列模式化反应。

用社会认知来激活用户的镜中我

人是社会性动物，人的行为是被社会规范支配的，因此每个人都很担心自己被边缘化。当信息中暗示着用户正在偏离或者不符合某种社会规范的时候，用户的自我保护意识就会被激活，就会试图

自增长：让每个用户都成为增长的深度参与者和积极驱动者

与社会规范保持一致。最简单的做法就是，把某种行为与某种社会规范相关联。如某品牌的广告语是"孝敬爸妈就送脑白金"，这就是将孝敬父母这种社会规范与送脑白金关联了起来。塑造这样的社会规范，会激活用户的镜中我，让用户感觉送爸妈脑白金是孝顺的体现。为了与社会规范保持一致，用户就会积极购买脑白金送爸妈。

人们的心中也存在着一些约定俗成的社会规范，触及这些社会规范就如同踩到了"雷"，很容易受到他人的排斥。比如，到朋友家做客要带一些小礼物，遇到女士带着小孩要帮忙开门，不能随便问女孩的年龄，等等。

◊ 利用隐藏在人群中的影响者

其实，很多商家都在非常隐蔽地利用用户的镜中我来影响用户的行为，我们常说的带节奏就是其中一种方法。商家先为用户设定一个参照点，用户就会积极地与其保持一致。比如，线上课程的销售员会将购买了试听课程的家长拉进一个群，为了卖出更多的正式课程，会有几个"家长"作为"托儿"潜伏在群里，他们会在适当的时候站出来替家长说话。比如，在卖过一波年课后，还有很多存在顾虑而没有买课的家长。此时作为"托儿"的"家长"就会说："要是有个半年的课就好了，这样钱就能省一半了，还可以逐渐培养孩子的兴趣。"接着潜伏的销售员也会说："是啊，我也是这样想的，最好能有半年的课。"明处的销售员就会积极迎合他们："既然这么多家长有这样的需求，那我就反馈一下大

第七章 用户自驱力的第6张画像：镜中我 VS 心中我

家的意见。"过不了几天，名额有限的半年课程上线了，紧接着不少家长就晒出了购课截图。其实，家长们的镜中我就是在这种套路中不知不觉被激活了——我也应该像别的家长那样至少给孩子报个半年的课，不然就是不为孩子的前途着想。这是一种非常隐蔽的激活镜中我的方式，很多销售员都在用。

// 心中我塑造用户的3种模式 //

我们说过，用户的心中我是被他人塑造的，这也决定了用户的心中我不是一成不变的，而是不断被重塑的。所以，激活镜中我的方法就是在变相地激活心中我，因为镜中我形成后会被用户内化为心中我，形成新的心中我。

激活心中我其实就是在为用户制造前后我的差别，内在我和外在我的差异，以及是的我和不是的我的差异。制造了自我的差异就制造了自我的对立。这样一来，用户就会让自己的行为与心中我保持一致。接下来我将和大家分享3种激活用户心中我的模式。

◊ 直接将用户导入一种美好的自我模式

滴滴司机刚注册成功后，系统会给司机一个满分评价——100

分。别看这只是个简单的举动,其实是在对滴滴司机进行人设和身份的设定——你是一个合格的、让人满意的、标准的好司机。这个满分的设定为司机制造了心中我的参照对象。但是这个100分背后关联着70多项服务标准,违反任何一项都会被扣1分。被扣掉1分后,滴滴司机需要在接下来的10单中都不出现问题,才能补回这1分。而扣掉任何1分,都意味着司机不再是满分司机,就与心中我产生了差距,这便会促使司机小心谨慎、尽心尽职地为每一个乘客服务,努力赚回那1分的同时,不再丢掉任何1分。更加重要的是,这种满分的设置不是一个摆设,而是对司机进行管理的强大工具。司机的得分是滴滴派单系统的参考数据,系统会给附近得分最高的司机优先派单。也就是说,被扣的分越多,能接到的单就越少。因此,滴滴司机一旦注册成功,就被这100分控制了,就需要全心全意地去维护这100分的心中我。不然,满分的心中我就会坍塌,同时工作也有可能丢掉。借助自我的驱动力,滴滴将上千万司机的积极性轻松地调动了起来,同时也将庞大的团队秩序井然地管理了起来。原理就是为用户塑造一个更理想的自我,从而激活用户的心中我。

◊ 让用户主动构建一种美好的自我模式

有的购物平台有领券的模块,那里集中了不同品类、不同额度的优惠券。优惠券的领取不需要用户符合什么条件,也不用支付现金或积分,属于无门槛随意领取,因此很多用户喜欢到这里来"捡便宜"。但是用户一旦领了券,想说服自己不花钱就难了。比如,用户领了一张"满 30 元减 9 元"的优惠券,浏览可用商品时看到了一款清肝明目的菊花决明子茶,立马被吸引了注意。这是一款养生茶,可以舒缓情绪,缓解眼睛疲劳,在办公室泡上这么一杯茶……想着想着,用户心中那个享受生活的自我就被唤起了。从一个无门槛的领券行为,到进入优惠券的使用专栏看到养生茶,再到想象在办公室里泡茶的情景。本来没有任何需求的用户,只因为一个无门槛的用户行为,一步步地"走进了办公室",看到了泡茶的自我。整个过程用户是在一步步地看清那个享受生活的心中我,当享受生活的心中我被激活后,用户消费的冲动就会随之产生。

在用户心中树立起新的标准

只要让用户感觉或意识到一种新的标准,就可以在用户的心中树立起新的追求的标准。用户就会将心中我自动更新升级——产生新的、理想的、完美的自我,并试图让自己与升级的心中我保持一致。不然用户不知道,或者说意识不到自己想要什么。

美国的一项研究发现,当被试心中的某个新标准被启动后,被试会更容易做一些以前因涉及健康风险而不愿意做的事情,如参加日光浴沙龙和药物减肥活动。虽然它们可以让被试拥有好身材和健康的肤色,但是日光浴可能会对皮肤造成伤害,导致皮肤癌;而药物减肥则可能导致药物成瘾,影响我们的免疫系统。

起初几百名女大学生对这两项活动都持有否定的态度,她们对此根本不感兴趣。然而,当她们在约会网站上对一些男生女生的照片进行评价后,却都变得愿意参与这两项活动了——她们更愿意冒风险了。原本被她们认为对身体有害的两项活动,现在为什么变成了她们不顾一切要参与的活动?因为她们在对照片进行有关吸引力的评价时,启动了好坏的标准。评价的过程就是在心中树立吸引力标准的过程——让她们意识到什么样的人是具有吸引力的。被试一旦意识到这个标准,这个标准就会成为被试心中理想我和美好我的一部分,被试便产生了新的心中我。在没有新标准的情况下,被试是能够接受自己的现状的。这些标准在被试心中树立后,结果就是被试不再顾忌对自己身体的可能危害,积极接受了日光浴和药物减肥两项活动。这就好比健身广告都会选用身材超好的模特,就是为了给顾客设立新的标准,在顾客心中建立一个新的心中我,升级顾客过往对自我的认知。

总之要想影响用户的行为,可以先让他们参与评价和问卷调研。用户在评价别人时,就是在把自己放进一个好坏的标准框架里。好坏的标准一旦产生,用户自我的参照点就会形成,自我就会试图与其保持一致,就会由不喜欢变成喜欢,由不需要变成需要。

各大购物平台都会打造一个带货的标杆人物。树立这样的标杆就是为那些带货的人树立追求的目标,激励大家向他看齐。这样的标准也使每个带货的人都希望自己成为那样的人。在日常工作和学习中,评选三好学生、劳动模范等都是在为大多数人塑造新的追求的标准,从而让大家将标准内化成新的心中我,这样便可以影响大家的行为。

用户自驱力的第 7 张画像：
理性我 VS 感性我

·画像原则：情感原则·

// 颅内之争 //

对自我深挖到现在，还有内容可挖吗？有。用户是借助自我掌控感和自我价值感来实施自我表达、实现、保护的意志的，那么问题来了，是什么让自我掌控感和自我价值感可感、可见、可控、可操作的呢？答案是，让自我的力量可感、可操作的是情感和时间。它们作为一种渠道和方式，让自我的力量落在了可见、可感、可控、可操作的事物上。不然自我的力量再强大，也没有着力点，没有出口，也就毫无自我感可言。自我感完全是从自我意志可见、可感、可控、可操作的过程中获得的，是情感和时间让自我掷地有声，让自我依附在现实世界并在现实世界得到扩张。接下来我们先来看第一种渠道：情感。没有情感，自我的力量就没有着力点，我们的感觉就不会得到反馈，我们的力量也就无用武之地了。

我们在网上看到一个漂亮的花瓶，感觉很好看，很想买。这是花瓶的设计激活了我们的感性我，让我们有了购买的冲动。大脑中有两种核心决策模式，其中一种就是感性模式。这是用户感性的一面，是用户的感性我。感性我是被带有鲜明情感的信息激活的自我。我们一眼就喜欢上了那个花瓶，是因为花瓶的设计带有鲜明的情感，它激活了我们的感性我，让我们很想要。

第八章 用户自驱力的第 7 张画像：理性我 VS 感性我

可是，并不是想要，我们就会直接购买。我们大脑中还有另外一种决策模式——理性模式。它是我们理性的一面，也就是理性我。理性我会从更加实用的、客观的、理性的角度，为我们分析需不需要，如从价格贵不贵、适不适合等角度来判断和决策。当我们的感性我很想要这个花瓶的时候，理性我会站出来告诉我们"我从不买花，要它做什么？"这样一来，我们就有可能不再买，这就是理性我在发挥作用。

感性我与理性我是相互制约的。理性我认为需要的时候，感性我则有可能不同意。比如，理性我认为"这个花瓶很便宜，可以买"，感性我也许会认为"颜色太难看了，显得没品位"。最终，理性我有可能在感性我的牵绊下放弃购买。理性我的决策很多时候需要经过感性我的授权，才会最终产生购买行为。用户的消费行为是理性我与感性我斗争的结果。谁能说服对方，谁就能主导局面。

用户的理性我在与感性我交手的过程中，往往过不了几个回合就会败下阵来，让感性我占据上风。当理性我说不需要那个花瓶，用户就不会买了吗？如果是这样，我们这个商业社会就不会繁荣成今天这个样子了。如果一个事物激活了用户的感性我，那么感性我占据的优势是非常大的，它的强大超乎我们对它的理解。如果这个花瓶从深层上激活了用户的感性我，那么感性我就会不依不饶地与理性我纠缠。感性我会对理性我说："正是因为我没有养花，我的生活才了无生趣，我可以从今天开始经常给自己买束鲜花，让生活变得充满生机……"用户会在大脑中想象在这个花瓶里插上一束百合，放在床头，花香弥漫的情景。用户会感觉自己的生活从此变得美好而惬意，这种情景对大脑的渗透和刺激最终让大脑沦陷。用户最后还是买下了花瓶。

商业社会使出万般解数要搞定的是用户的感性我。用户理性我的需求是非常有限的，感性我的需求才是无限大的。一个花瓶对理性我来说，需要就是需要，不需要就是不需要。但是对感性我来说，就可以变得必要，而且不只需要一个、一种等。只要激活用户的感性我，用户欲望的黑洞就会打开，需求就会变得无限大。

// 画像原则：情感原则 //

那么，理性我与感性我的画像原则是什么呢？是什么因素让用户的理性我变得不堪一击，并最终让感性我占据上风呢？它就是情感。理性我与感性我的画像原则就是情感原则。

我女儿4岁时，有一次在车上听到广播里播放一首歌。她说："妈妈，这首歌听着好悲伤啊，好想哭。这是一首悲伤的歌吗？"那的确是一首悲伤的歌。一个4岁的小孩儿，听不懂歌词，也不懂音乐，但是她能听出音乐中的情感，这就是情感的魔力。带有鲜明情感的事物，不受年龄和认知的局限，可以直接启动人的大脑。

当我们在听口琴版的《当年情》时，口琴极具穿透性的音色，瞬间就能将我们的大脑拉回到过去的某个情景中，让我们产生一

第八章 用户自驱力的第 7 张画像：理性我 VS 感性我

种难以割舍的情感，有几分不舍，几分无奈，还有几分回味。而当我们听班得瑞的轻音乐《清晨》时，那灵动的旋律瞬间就将我们的大脑带入了清晨万物苏醒的情景。这样的音乐中有一种饱满、清透、纯净的力量感，让我们瞬间感觉被甜美而清透的空气包围，让我们情不自禁地想要深吸一口这样的空气。一首曲子好不好，要看其是否带有鲜明的情感。鲜明的情感可以不需要任何理由地直接启动大脑。悲伤的情感会让我们无缘无故的伤心，喜悦的情感能让我们不知不觉的兴奋。情感有带入的作用，带我们进入一种情景。情感的最高境界是它可以进入我们的灵魂深处，把我们的一切逻辑和理性都击碎，让我们臣服于它。产品、品牌、信息也是一样的，是否能打动用户，完全看其所带的情感够不够强烈。

我们一出生接受的就是被情感化的语言，从小就依据一套好坏、美丑、对错、善恶、输赢、正邪等被情感化的认知系统认识这个世界，我们首先要学习和掌握的就是对好坏、对错、善恶等情感的识别能力。所以，我们眼中的事物都是被情感化的。我们时刻在与这些事物发生关系，这种关系的核心就是情感。外在事物的实体和情感让自我感觉好坏、对错是真实存在的，让糟糕的自我和美好的自我变得可感、存在、实在。

大脑是被情感格式化的"机器"，它的运转程序是围绕情感编写的。情感就是启动大脑运作的动力。当我们说一个人很丑的时候，这样的情感认知会让我们感觉这个人很讨厌。接着我们的行为也会受到影响——我们会想要回避和远离这个人。情感启动了模式化的反应——讨厌，所以我们要远离和回避。人类如果不能将事物情感化，就不知道到底该如何对待它们，所以，情感就是我们立足于这个世界的工具，也是驱动我们行为的最深层的动力。

在感性我与理性我的画像中，从理性的角度说服用户存在两个限制。一个是用户脱离情感的理性需求是极其有限的，另一个是前文中说过的，实际的、理性的差异创造的价值是有限的，无法有效地建立起绝对的竞争优势。而感性我的需求既是无限大的，又是能更好地建立起竞争优势的——让产品和品牌变得不可复制和模仿。感性我的需求完全是情感需求，情感越鲜明，对感性我的影响就越大，用户就越需要和想要。在强大的情感面前，理性我的坚持就成了一种摆设和理性的错觉，最终不得不屈从于感性我。

某植发品牌的广告语是"拒绝影子医生，手术全程参与；拒绝低价诱惑，收费明码标价；拒绝技术包装，技术真实透明"。这样的广告语过于理性，并不会有太好的营销效果，因为这些情况对大部分用户来说都是没有感觉的。一方面，这些情况是用户反复使用和体验过后，才会深有体会；另一方面，理性的表达没有绝对的竞争优势。我们总是怕用户理解不了或者看不到我们的优势，如手术全程参与、收费明码标价等，但这些都不能成为用户必须选择我们的理由。我们可以做，别人也可以。理性涉及的价值很多时候是比较脆弱的、可复制的、有限的、具体的、有形的。

这个广告要做的是激起用户植发的冲动，建立起绝对的竞争优势。这两点只有情感能够做到。我们可以让广告语更有情感，比如，"靠近女孩时，再也看不到她们一脸嫌弃的样子"。这样瞬间就能激活脱发用户的感性我，让他们产生植发的冲动。

第八章 用户自驱力的第 7 张画像：理性我 VS 感性我

在一个抗衰美容品牌的平面广告中，醒目地写着"我惊呆了，做完眼袋被人喊'小姐姐'"。这样感性的广告语并没有重点突出"不开刀，无痛无痕，随做随走"这些理性的价值，却能瞬间激活用户的感性我。情感化的表达是将有形的、具体的、有限的价值转化成无形的、无限的价值。也就是将有形的、可复制的、可以被摧毁的壁垒转化成无形的、无法复制的、不容易被摧毁的壁垒。与产品建立情感关系，就形成了竞争壁垒。一切事物都需要由实物转化成价值，再由价值转化成情感，才能从深层上对用户产生影响。在共性我与个性我的画像中说过，价值理念可以制造独特性，而价值就是情感的一种表现形式，是情感可感、可操作的形式。情感让信息、产品、品牌具有了独特性、不可超越性和不可复制性。

我们画感性我与理性我的画像，目的是发现什么是让用户无视理性我的存在，欲罢不能地想要。情感就是让理性瞬间失灵的利器。只要情感到位，即使价格太贵，用户也会购买；哪怕存在不足，用户也会愿意尝试……情感才是驱动用户行为的深层力量。

// 情感直接启动自我 //

我们都知道《庄子与惠子游于濠梁之上》的故事。庄子和惠子一起在濠水的桥上游玩，庄子指着水中的鱼说："你看鱼在水

自增长：让每个用户都成为增长的深度参与者和积极驱动者

中游得多么自由自在，它是多么快乐啊。"惠子说："你又不是鱼，怎么知道鱼是快乐的呢？"庄子之所以这样认为，是因为鱼在水里自由自在地游，这种情景带有鲜明的情感。我们脑子里的世界不是客观的，而是一个被意义编码的世界。通过意义编码，外在无序、混乱的信息，被一种可以理解的、稳定的、有序的、可感知的、可操控的方式组织了起来，变得可控和可感。

在人类眼中颜色是有意义的：绿色代表健康、天然，蓝色代表深邃、理智等。赋予事物意义的过程就是情感化的过程，事物一旦被赋予意义就会被情感化。意义是情感的又一种表现形式。绿色被赋予了健康、天然的意义，就有了正面的美好情感。庄子为鱼在水里自由自在地游赋予了正面的意义，让这种情景在他的眼中带有了正面的美好情感。

人们为什么要将事物情感化呢？情感化深层的目的就是通过事物感知自我是怎样的一种存在。情感包括对错、好坏、美丑、善恶、爱恨、正义和邪恶、美好与痛苦等。事物中带有的这些情感，能够让人们更好地感知到自我是怎样的一种存在。也就是说，情感的最大功能是让人们体验到自我感，以及让人们利用带有情感的事物来表达自我。庄子感觉鱼在水里游得自由自在、悠闲快乐，是在表达自身被各种欲望、条件所困的无奈、无助的自我情感——我是一种无助的存在。他从鱼身上体验到的情感，是他投射在其中的自我情感。自我情感就是对"我"是怎样一种存在的感知，是为自我服务的情感。

第八章 用户自驱力的第 7 张画像：理性我 VS 感性我

情感之所以能战胜理性我，从而启动无逻辑的冲动，就是因为情感直接与"我"存在紧密相关，这就是情感的威力所在。

有一项研究表明，豪车的标志会激活人们大脑中的自我脑区，而普通轿车的则不会。这就是因为豪车品牌的鲜明情感，直指我好还是我坏。我要是拥有这样一辆车，就意味着我很成功、我有价值、我很棒。所以人们看到豪车的标志，自我脑区就会被激活。豪车的存在，表面上是为了在感官上取悦用户，实质上是为了彰显用户的个性和财富——自我表达。情感不但能够直接启动大脑，同时也能直接启动自我。情感是人类表达自我的工具和方式。

用户是情感动物，任何进入用户视野的事物或信息都会被自动地而且是强迫性地送上自我的天平进行衡量——衡量有多少能为"我"所用，能表达自我。如果信息中没有融入情感，就不会引起用户的共鸣，也不会被用户理解。任何事物如果不能与自我情感关联，那么价值将十分有限，更谈不上依赖、上瘾了。其实，自我情感本身就是让自我上瘾的东西。

自增长：让每个用户都成为增长的深度参与者和积极驱动者

记住，情感是人类的魔咒，带上鲜明的情感就缠住了用户的灵魂——自我。

// 如何带上鲜明的情感？//

关于如何设计高效启动用户大脑的情感，我在《带感》和《成瘾》这两本书中做了大量具体的阐述。情感是用户行为设计研究的一个重点，我们必须深入地理解它，对用户的认知才能达到一个较高的水平。不然我们就无法对用户的行为进行精准、高效的影响。想要深入研究直接启动用户大脑的神奇魔力的读者，可以延伸阅读上述两本书，这里我只简单强调一下让事物和信息带上情感的三要素。

◊ 单一、简单

单一的事物和元素所带的情感是单一的，也是鲜明的。例如颜色，每种颜色都带有鲜明的情感，如白色象征纯洁、圣洁，将婚纱设计成纯白色就是为了体现这种情感。当然，有些婚纱也会选择将白色与其他颜色搭配设计，但其他颜色更多的是细微的点缀，不会大面积使用。因为一旦大面积使用，就会打破白色所带的情感。由此可见，要想情感鲜明，就要颜色单一、简单。我们

第八章 用户自驱力的第 7 张画像：理性我 VS 感性我

来看千禾零添加酱油的包装设计——以一个"0"为主，是为了充分体现"0"所带的情感——零添加，体现纯天然、原汁原味的本真情感。记住，元素越多，情感越复杂、越不鲜明，用户的大脑越不容易从中获得情感。

◊ 情感一致

在表达一种情感时，信息中各元素所带的情感一定要一致。如果信息中各元素之间的情感不一致，那么大脑就很难从中提取到情感，这样的信息就是无效信息。

比如，当我们看到一篇文章，只看点赞有 400 个，我们就会认为它很好。但是如果同时还有 370 个踩，我们就无法判断其好坏了，它也就无法激活我们阅读的冲动了。这就是情感不一致导致无法启动大脑的模式化反应。

这里要切记一点，信息的模式就是情感，模式一旦不统一，情感也就不统一了。情感不统一，用户的大脑就会产生错乱，就会不知道信息的目的是什么。

我们再来看微博的点赞按钮。当我们将鼠标指针移到点赞按钮上时，会出现下图这样一串表情。我们会摸不着头脑：不是让我点赞吗？怎么会有各种表情符号？这和点赞有什么关系？这样的信息对用户来说就是混乱的，会导致用户不知道该如何与其互动。这也是一种情感混乱造成的无效信息。

自增长：让每个用户都成为增长的深度参与者和积极驱动者

星巴克和苹果手机很少降价促销，就是为了避免给用户制造情感上的混乱。高端的产品与低价促销组合在一起，会导致用户对其的情感产生混乱。高端品牌进行低价促销会削弱用户的忠诚度。

生动形象

如何通过表面信息体现出西红柿的新鲜呢？第一种方法：突出表皮的光亮红润；第二种方法：展示翠绿的蒂片；第三种方法：让西红柿上布满亮晶晶的露珠。其中，第三种方法给人的感觉最新鲜。这是因为它生动形象地体现出了新鲜感——给人的感觉是西红柿刚从地里摘下来，露水还未完全晾干，同时也给了人们一种西红柿水分非常饱满的感觉。这种新鲜感带着鲜明的情感——好。生动形象地表现能让用户直观地感受到鲜明的情感。

如果是一个汉堡、一盘菜，那么该如何让用户感知到它很好吃呢？当然是制作得色香味俱全了。其中颜色、香气、味道都能体现出食物好吃。同样的，给这些食物拍出生动形象的照片，也能勾起人们的食欲，这就是为什么我们看到朋友圈的美食照片会认为它们很好吃。这些照片有的加了滤镜，提升了食物的质感、

第八章 用户自驱力的第 7 张画像：理性我 VS 感性我

立体感、层次感、色泽感等，让食物显得非常美味。其实，食物本身也许并没有那么诱人。麦当劳和肯德基广告中的汉堡照片，让人看了就有食欲。橙黄的面包，绿油油的生菜，红彤彤的西红柿和培根，黄灿灿的芝士，油亮亮的肉饼……这样生动形象的色彩和画面，让人看见就忍不住流口水。这可是商家花了大工夫的，像拍摄电影大片一样拍摄出来的。目的就是让食物看上去很诱人，让用户认为好吃，从而产生食欲。那么，我们又该如何借助一个人吃汉堡的样子来生动形象地体现汉堡的好吃呢？麦当劳广告中，小朋友吃汉堡的样子就非常生动形象。他把嘴张得特别大，大到鼻子和眼睛都挤到一块了，把汉堡放进嘴里咬上一大口。

生动形象的背后，关联着一种鲜明的情感——好。好，才会看上去新鲜、有质感、色彩丰富饱满，闻上去很香。生动形象的表达背后是鲜明的情感，它可以直接启动用户大脑对事物的欲望。记住，生动形象是让事物带上情感最直接的方式。

第九章

用户自驱力的第 8 张画像：
过去我 VS 当下我 VS 未来我

·画像原则：路径原则·

1
// 每个用户都活在未来 //

除了上一章所说的情感，第二种让自我的意志可感、可操作的渠道是时间。时间是自我力量的出口和方向。没有时间，自我意志就没有指向和出口。自我是活在时间里的。时间有过去、当下、未来，自我也就被时间切割成了过去我、当下我、未来我。自我不在过去就在未来，当下只是自我穿梭到过去和未来的时空入口。

为什么当下是自我的时空入口呢？在当下我们只做两件事，要么在体验，要么在自我意志中。体验只有行动本身，没有评价和意识，只是在单纯地感受。比如，用户吃一块巧克力，体验只是单纯地感受它的味道。当然，大部分用户是不会单纯地感受和体验的，因为用户的感受和体验中总是伴随着自我意志。比如，边吃边想怎么和上次吃的不一样，或者是想每天都能吃到这样的巧克力就好了，等等。这样的想法就是自我意志，这样的意志总是伴随着体验。自我意志要么在过去，要么在未来，就像吃巧克力的时候用户要么在与过去比较，要么在渴望未来。

驾驭自我要从时间开始，因为时间创生了自我，时间让自我有了容身之地。而驾驭时间要从当下开始，当下是自我进入时空的入口，是过去我和未来我的连接点。没有当下作为入口，自我就无法进入时间里——过去和未来。也就是说,没有当下就没有时空入口,没有时空入口就没有时间,没有时间就没有自我的生存空间,也就没有自我。

那么,过去我、当下我、未来我,哪个"我"对用户的吸引力最大呢?当然是未来我。

首先我们来看当下。当下是既定的,是实在的,是一眼见底的。当下我没有持续、没有永远的满足、没有完美、没有永恒、没有更好、没有可能,当下是既定的事实。

其次是过去我。过去可以给自我以掌控的感觉,因此,自我要想获得掌控感,就需要穿梭到过去。过去让自我具有了一种能力——看见未来的能力。心理学家艾莉森·高普尼克(Alison Gopnik)提出的"反事实思维",也就是假设思维,即生活中的"应该—也许—将会","如果怎样,将会怎样"。这种思维让我们根据过往的经验,在当下获得线索,推演事态未来可能的样子。过去的经验让自我对未来产生更强烈的掌控信念。

我曾经在《成瘾》一书中说过,让大脑成瘾的一种模式是,就差一点,再来一次。玩抓娃娃机的时候,我们一次次地失败,还能一次次地再来,是因为在每次失败后,我们的大脑都会为失败的结果做出解释——根据失败的结果发现成功的方法——刚才再往左一点,再轻一点就成功了。这样的解释给了大脑差一点就能成功的感觉,面对差一点就能成功的局面,大脑会强烈渴望再来一次。结果就是每次都在就差一点的遗憾中再来了一次。也就

第九章 用户自驱力的第 8 张画像：过去我 VS 当下我 VS 未来我

是说，用户需要过去，是过去为用户的未来指了一条"明路"，过去是用户去往未来的依据。过去好的体验，指导用户在未来重复获得；过去不好的体验，指导用户在未来避免和纠正。过去让用户看到了美好的、如愿的未来就在眼前。

过去已经过去，无法回头，当下总是存在局限，只有未来为自我的一切抱负、理想、梦想的实现提供了可能。未来有想象空间、有希望、有可能，这就是未来的魅力所在。存在主义大师让 - 保罗·萨特说过："自我总是存在于未来当中，它试图把自己变成某种东西的意志。"无论自我想要成为什么样子，都只能在未来才能如愿。用户的大部分消费行为，都是在拥抱未来我。这就是未来我比过去我和当下我更具魅力和吸引力的根本所在。

自我活在未来，是因为未来有持续、保持、永远，以及更进一步、更完善、更好、更多的可能。自我永远都在寻求超越当下。这就意味着，只要我们活着，自我就不存在——至少是没有固定的、完成了的自我。自我在时间里，时间是个悬而未决的东西，所以自我就是时间，也是悬而未决的。自我就是没有实现、没有完善、没有如愿、没有圆满的"我"。从自我的特性来看，未如愿的、未完成的自我，对人们的吸引力最大。

自我是指向未来的一种意志，而不是实际的存在。正是因为如此，我们才要真正地去了解自我，利用自我。自我是没有边界的，自我的欲望是无限的。自增长要做的就是让一切与自我的意志关联起来，伴随自我生生不息。

// 画像原则：路径原则 //

要想将自我从当下传输到未来或者过去某个固定的点位，就需要为自我提供精确的传输路径。也就是说，要想通过过去我或未来我影响当下我的行为和决策，就需要打开"时光路径"。时光路径就是将当下我、过去我、未来我关联在一切的事物，它可以是行为、物品、感觉、状态等。它是将过去与现在、现在与未来、过去与未来连接起来的路径，是它将过去我传输到当下，将当下我传输到未来。路径是将时间里的我连接起来的连接器，没有路径的连接，当下我不会受到过去我和未来我的影响。路径就是过去我、当下我、未来我这张大脑动力画像的画像原则。没有路径，时光通道无法打开，自我就无法在时间里穿行。

当下是自我去往未来的入口，路径是将自我传输到过去和未来的通道，目标、目的地是未来我可能成为的样子。入口、路径、目的地，是自我有效穿梭在时空里的三要素。

康奈尔大学的研究者曾做过一项研究，让被试阅读一段文字，内容是去海边度假前，主角在积极地通过节食和运动减肥。研究者发现，这样的描述激活了被试的减肥欲望，被试想要通过节食来减肥。

第九章 用户自驱力的第 8 张画像:过去我 VS 当下我 VS 未来我

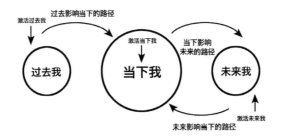

如果换一种描述方式,就不会产生这样的效果。比如,内容是主角说自己在去海边度假前已经完成了减肥目标。在这种情况下,被试的减肥欲望就不会被启动。那么问题来了,对于同样的事情,为什么描述不同对被试的影响就不同呢?

这是因为不同的描述让被试对去往未来的路径的感觉不同了。在这个实验中,减肥是通往未来度假的时光路径。已经完成减肥和正在减肥这两种状态,与度假关联的紧密程度是不一样的。正在减肥与度假的关联更加紧密,更能让被试直观地意识到减肥是为了去海边度假。减肥这一行为清晰、直接地指向度假这个目标——行为与目标的路径清晰、直接。其中遵循了路径设计的原则——路径单一、清晰。通向未来的路径不能多且不能混乱,因为多条路径会减弱路径的有效性。比如,努力工作、减肥是为了去度假,看似多个行为都指向度假,但是人们很容易因为路径不明确而放弃。能不能将用户通过路径传输到未来,要看路径是否能让用户清晰地感知到未来我。路径越清晰,未来我越可见。

去海边前已经完成了减肥这样的描述,减肥的行为发生在过去,不是现在进行时,与度假的关联并不紧密。所以,无法对被

自增长：让每个用户都成为增长的深度参与者和积极驱动者

试当下的行为产生影响。

无论是要借助过去我还是未来我激活用户的当下我，从而改变用户当下的行为，时光路径都是重中之重。为什么这么说呢？前文中我们说过，玩抓娃娃的时候，失败了，大脑会对失败做出解释。找到失败的原因就找到了成功的方法，就找到了通向成功的路径。方法就是路径，因此我们会非常渴望再来一次，因为我们的目的就是赢。若没有路径，即便我们能看到、想象到赢的美好，我们也不会行动。这就好比我们能看到创业可以让我们获得财富，但是我们找不到项目，或者是找不到项目成功的方法，这种情况下，未来我的美好只能是一种美梦，不会让当下我去积极地行动。我们一次次地采取行动，都是因为我们一次次地找到了通向成功的路径。我们走出去的每一步，都需要先在大脑中形成通往目的地的路径。这就是路径的重要性，路径是驱动我们行为的持续动力。所以，时间里的自我画像，要遵循的原则就是路径原则。

// 如何利用过去我来塑造用户的行为？//

如何借助过去我来影响当下我的行为呢？答案是让过去我的经历或者体验与产品关联在一起——开启传输路径。这样一来，过去我就会对当下我产生影响——改变当下我的行为。

第九章 用户自驱力的第 8 张画像:过去我 VS 当下我 VS 未来我

在吉百利巧克力的一则广告中,一个女孩说,每次看到吉百利的包装就感觉特别亲切,就有想要吃的冲动。这是因为吉百利与她的过去我建立了稳定的关联。她生活中的很多情景都与吉百利巧克力关联在一起,比如,她经常和闺蜜分享吉百利,考试压力大的时候也有吉百利相伴,遇到甜蜜爱情的时候还是吉百利在相伴。吉百利与女孩过去的人、过去的状态、过去的事物关联在了一起,是女孩重新体验过去我的某种感受和状态的传输路径。吉百利与过去我的某种美好的状态关联在一起,让女孩看到吉百利就会想起过去那种美好的感觉,就触发了女孩当下我的渴望——渴望在未来重新体验过去我的美好。将过去、当下、未来连接起来,打通时光通道的就是吉百利这个可见的、有效的传输路径。没有吉百利这个路径,女孩的自我就无法传输,过去我就无法影响当下我的行为。

要想让过去我影响到当下我的行为,路径一定要关联某种鲜明的情感。我们在前文中说过,用户的记忆最终留存下的是一种模糊的感觉——情感。就像上例中女孩与吉百利巧克力有关的记忆,更多的是友情、爱情等。因此,围绕巧克力对过去的呈现,要以情感为重心展开。比如,和闺蜜相依而坐,分一块巧克力给对方;考前复习时遇到难题,不自觉地去掏口袋里的巧克力;等等。也就是说,要围绕某种情感,去刻画这些过去的情景。巧克力这条路径之所以有效,是因为它关联着某种鲜明的情感。若只有巧克力而没有情感,这条路径就不会对用户产生实质性的影响。这是借助过去我影响当下我要遵循的原则:注重情感塑造。而情感的塑造又是通过对某种情景生动、形象的刻画来实现的。

所以，对于产品、品牌、App，无论是一段文字还是一个画面，要想精准地启动用户的自我，就要在文字和画面中将某种情感与功能、产品、品牌关联在一起。例如，某个运动品牌的广告中说道："快出来玩吧，可以打水仗，也可以踢球。但是不管玩什么游戏，记得穿上××牌的运动凉鞋，让你的脚重返童年。"整段文案其实就是在强调运动凉鞋与童年的纯真情感，其中运动凉鞋是时光路径。在当下穿着运动凉鞋，就能重新感受童年的乐趣——重返美好的童年时光——曾经体验过的某种美好就能再次出现。再如，大白兔奶糖、北冰洋汽水等产品都是时光路径，它们都关联着用户过去某种鲜明的情感，能对用户的自我产生触发力量。

// 如何利用当下的状态塑造用户的行为？//

◊ 激活当下的负面自我

我们可以通过激活用户当下负面的自我来影响用户当下的行为。例如，让用户感受到或者意识到，当下的自我正处于一种不自知的、隐蔽的、无意识的、不可见的、无感觉的负面状态，如不利的、不安全的、不理想的、不体面的、不时尚的、不健康的、

第九章 用户自驱力的第 8 张画像：过去我 VS 当下我 VS 未来我

落后的、不正确的、不想成为的、存在潜在风险的等负面状态，让用户意识到自己正走在一条错误的道路上，正一步步走进一种危险的局面，这样一来就会唤醒用户的当下我，从而影响用户当下我的行为——渴望在未来避免或改善当下我的状态。

疫情期间为了督促大家科学地洗手，防疫工作者想了很多办法。其中有一个视频是这样拍摄的：演示者用墨汁代替洗手液涂在手心，再按照日常的方式洗手。观众发现，有很多部位墨汁根本涂不到。这种方式直观地让大家意识到了，按照常规的方式洗手根本洗不干净——自我正在以一种不正确的、不健康的方式洗手，然后告诉大家一种正确的洗手方式——通往健康的路径。这样一来，就很容易影响大家当下我的行为。

有些销售员会向顾客这样推销鞋子："作为一名职场女性，您怎么可以没有几双像样的鞋子呢？"这是在暗示顾客正在以一种不体面的状态存在着。为了改变这种状态，用户就会购买鞋子。让用户意识到自我正在以一种不理想的、错误的、无意识的状态存在着，就能唤醒用户当下的自我，从而让用户按照我们提供的路径去往未来。

◊ 激活当下的美好自我

同样的，我们也可以让用户在当下意识到美好的感觉和状态——唤醒当下美好的自我，从而影响用户当下的行为——想要持续和重复这种状态。

以服装行业为例。"产品的质量要树立高标准。坚持不懈地追求质量高标准，决不妥协。"比如，一件衣服从选材、设计到加工，各个环节都要追求高质量、高标准。当顾客把这样一件衣服拿在手中的一瞬间，要让其怀疑"这样的衣服 100 元能买得到吗？"即要让顾客在将衣服拿在手上的当下，体验到一种物美价廉的超值感。这样的超值感会在顾客的心中形成新的高标准，改变顾客过往对衣服的认知。接下来顾客就会不断追求品牌带给他们的超值感。这样做的目的就是抓住顾客体验的当下，唤醒顾客的美好自我。

我们在前文中说过，通往某一时空的路径可以是行为和产品，也可以是感觉和状态。在当下让用户体验到美好的自我感觉，这种感觉就会成为用户去往未来的路径和动力。用户会与过往无意识、无感觉的状态划清界限，试图持续和重复美好的自我感觉。

在当下让用户直观、生动、形象地意识到、看到、感知到，自己正在以某种理想的、美好的状态存在着，是我们激活用户当下我、影响用户行为的有效方法。

// 如何借助更近或更远的"我"来影响用户的行为？//

自我活在时间里，更确切地说，是活在未来。无论我们激活

第九章 用户自驱力的第 8 张画像：过去我 VS 当下我 VS 未来我

的是过去我还是当下我，都是为了让自我看到和感知到，未来我将会以一种什么样的状态和方式存在。未来是有层次的，有离我们较近的未来，也有离我们较远的未来。那么，是较近的未来对用户影响大，还是较远的未来对用户影响大呢？搞明白这个问题，我们才知道该把自我传输到未来的什么位置，才能对当下的自我产生有效的影响。

卡尼曼和他的同事特沃斯基做过一项研究，他们问被试："现在给你 100 美元，或者是一个星期后给你 110 美元，你会怎么选择呢？"大多数被试会选择现在就得到 100 美元，而不愿意为了多出来的 10 美元去等一个星期。

接下来研究人员改变了一下这个问题，他们问被试："52 周后给你 100 美元和 53 周后给你 110 美元，你怎么选择？"结果大部分被试会选择 53 周后得到 110 美元。为什么同样是相差一周，被试的选择却发生了如此大的反转呢？

其中的原因有两个，一个原因是时间。人们对未来的敏感程度是不一样的，对眼前的未来最敏感，因为它触手可及，稍微一努力就能抓住。随着时间向远处推移，大脑对时间的敏感程度会越来越低。另一个原因就是价值。这很好理解，价值越大，对用户的吸引力就越大。但是，当价值和时间这两个因素交叉在一起时，人们就会以敏感度更大的因素作为决策依据。如果人们对时间的敏感度较大，而对价值的敏感度不大，那么人的行为就会更多地受到时间因素的影响。就像现在获得 100 美元和一星期后获得 110 美元，多数被试会选择现在获得 100 美元。卡尼曼认为，人们认为近在眼前的利益远比遥远的未来更有价值。对大脑来说，近在眼前的、唾手可得的事物价值最高，最有吸引力。这完全是因为在这样的决策环境下，大脑对时间的敏感度占据了优势。所以，被试会依据时间因素做决策。

如果人们对时间的敏感度降低，那么对价值的敏感度就会提升，即使价值的差异不是很大，人们也会按照价值差异来做出选择。就像上例中，52周后得到100美元与53周后得到110美元，被试会选择53周后得到110美元。这是因为52周和53周的时间都太长，长到大脑已经对其失去了敏感度。在这种情况下，价值就成了被试决策的依据。100美元与110美元的价值是很容易判断的，所以被试选择了53周后得到110美元。

有个促销方案是这样的：用户预存300元，可以免费获得60斤鸡蛋。这样的促销虽然有吸引力，但是赠送的60斤鸡蛋每周只能领一斤。用户掐指一算，60周也就是1年零8周。需要这么久才能领完这60斤鸡蛋，很多用户马上就对这样的促销没有了兴趣。原因就是时间太长，漫长的时间中存在的不确定因素削弱了用户的积极性。

当用户对价值回报的敏感度盖过对时间的敏感度的时候，就会愿意牺牲更多时间——延迟满足，在遥远的未来获得回报。比如，某快餐品牌的App上曾推出过一个充180元返180元的活动。用户完成180元的充值后，会额外获得总价值180元的餐品兑换券。这些餐品兑换券分6次返还，每个月返还一张，可以兑换固

第九章 用户自驱力的第 8 张画像：过去我 VS 当下我 VS 未来我

定的餐品，如第一个月兑换一个汉堡，第二个月兑换一份鸡翅等。活动推出后，很多用户都办理了充值。虽然要用半年时间才能获得全部返还，但是用户依然觉得很值。这是因为这个品牌的影响力够大，不像新兴品牌，能撑几天都很难说。价值判断并不单单包含实际的产品价值和金钱价值，更多的还要看品牌的整体价值。当用户对价值的敏感度超过了对时间的敏感度时，即使时间拖得很长，用户也愿意接受。

同样的，我们也可以通过设计来有目的地降低用户对时间或者对价值的敏感度，从而影响用户的行为。比如，苹果品牌涨价的信息在新品发布前 3 个月就会透露出来。这要比新品发布的当天宣布涨价，对用户的负面冲击要小得多。这就是"狼来了"效应。用户总是在谈论"狼"来了，但就是不见"狼"来。这就是在对"狼"来了的行为进行脱敏。当未来有一天，"狼"真的来了，用户也已经麻木了。就像苹果品牌提前公布涨价信息，用户对涨价的负面情绪在 3 个月的时间里会释放得差不多了——已经"怒"不起来了。苹果品牌方就是在借助时间来对用户的负面感觉进行脱敏。

这里我们需要意识到一点，用户对未来时间的敏感度是有节点的，1 天、3 天、1 周、半个月，都是用户对未来敏感度的节点。超过 1 天后，2 天和 3 天给用户的感觉差别不大；一旦超过了 3 天，4～6 天给用户的感觉差别不大；超过 1 周后，8～10 天给用户的感觉差别也不大，等等。我们需要通过各个时间节点，来设计和规划用户策略。比如，完成任务返券活动，券要在 3 天之内使用，这样才能刺激用户积极地完成任务领券。能使用券的时间越长，如1周内使用，或者半个月内使用，对用户的刺激力度就越小。再如，用户能够接受订单3天后送到，就能接受4~5天送到。而如果超出1周，就是在挑战用户的极限，用户就有可能因为收货时间太长，而不选择购买。记住，用户大脑中计算时间一般是以3天为一个单位，1周为一个单位。将1个月说成4周，用户就会认为时间没有那么久。而如果将4周说成1个月，用户就会感觉时间较长。

记住，用户对未来的感觉是由时间和价值两个因素决定的。提升和降低用户对这两个因素的敏感程度，是有效影响用户行为的核心。

产品、品牌、信息都是传输自我的路径，为了让路径的传输更精确、更有效，我们还可以对路径进行深层次的设计，也就是围绕一个产品的某个层面进行路径设计。我在《带感》一书中分享了6种情感牵引的路径：功能路径、形象路径、因果路径、时间路径、情绪路径、属性路径。大家想要深入学习的话，可以延伸阅读那本书。这里就不再赘述了。

到目前为止，我们已经完整地勾勒出了用户自驱力的8张画像。这8张画像适用于每个用户，只要我们能掌握它们，就从根本上掌握了每个用户。我指的是深层掌握，而不是表面地、肤浅地掌握。我们可以把自己的每一个设计都放进这8张画像中，看看是否遵循了对应的8个原则。这样我们就会知道，自己的工作是否科学有效。

第二部分

互动驱动

情景是触发和驱动自我的开关

第十章

一切的本质是互动

// 互动创造意义和价值 //

当我们想要在电脑屏幕上输入数字 8 的时候,只需要在键盘上按下 8 的按键就可以了。那么,要想激活用户的某个行为,我们该如何向用户的大脑输入信息呢?能够操控用户大脑的按键又是什么呢?答案是情景。想要让用户产生某一个行为,就要向用户的大脑中输入一个相应的情景。比如,想让用户购买某件衣服,就需要向用户的大脑输入与衣服相关的情景,让用户想象自己穿上衣服后漂亮的样子,或者是让用户看到别人穿上衣服后漂亮的样子等。情景就是向用户大脑输入信息的按键,行为就是被情景激活的反应。所以,要想高效地触发用户的自驱力,驱动用户的行为,就需要设计有效的情景。那么,情景是如何产生的呢?答案是互动,这个世界的一切都是由互动创生的。

每个字都是由不同的笔画或偏旁部首组成的。也可以说,这些笔画和部首互动组合形成了一个汉字,如"高"字,它具有独立的意义。通过互动生成的具有独立意义的个体、功能、单元、群体、产品、品牌、App 等,就是由互动生成的互动体。同样的,"高"字也可以像组成它的那些笔画一样,与别的字互动,生成新的具有独立意义和价值的互动体,如"高兴""高级""高大"等。

在接下来的内容中,我将频繁使用"互动体"这个词,它可以指通过互动生成的一个App、一个品牌、一个人、一个产品、一段文案、一个功能、一幅画、一条信息、一个按钮、一个句子等一切具有独立意义和价值的个体、单元或事物。

当你看到"高兴"这个词时,会怎么理解呢?看到"杯子"这个词时,又是怎么理解的呢?我们只是知道它是一种心理状态和一种用具,并不能说出它们更具体、更丰富的意义。很多时候我们根本无法从单独的信息、行为、事物中获得具体的、明确的、丰富的意义,这是因为这样的信息、行为、事物处于休眠状态——没有与其他信息、事物或人进行深层互动。这就好比很多平台设置了非常复杂且丰富的功能,但是大多数功能却没有与其他功能或用户发生互动关系,这种状态下的功能就处于休眠的状态。再如,我们买了一件衣服,一直将它挂在衣橱里,从来不穿。我们不与这件衣服互动,它就没有创造出价值和意义。互动体只有与其他信息或者元素互动起来,它的意义和价值才能够体现出来。

"我看到她在那里等我,心里非常高兴。""这个杯子是我5岁生日的时候,爸爸送的。"看到这两句话的时候,"高兴"和"杯子"这两个词才有了具体的、明确的、生动的意义。这种意义是由"高兴"和"杯子"这两个词与其他词句深入互动创造出的语言情景产生的。这种语境让"高兴"和"杯子"这两个词带有了鲜明的情感。这样一来,我们才知道"高兴"和"杯子"的具体意义和价值是怎样的。而这种具有具体意义和价值的情景是互动的结果,互动的目的是制造带有鲜明情感的情景。要想创造出更深层次的

第十章　一切的本质是互动

意义和价值,就要制造更深层、更复杂的互动——创造更复杂、情感更鲜明的情景。比如,通过前后的语境、故事背景、时代背景等复杂的因素来创造复杂的情景。这样一来,"高兴"和"杯子"这两个词的意义和价值才会变得生动、明确、富有内涵。

互动是建立一种相互联系、相互制约、相互影响的关系。事物与事物的互动是在彼此定义和塑造。比如,一个人身穿运动服站在足球场上,他并不一定是运动员。当他在球场上与队友一起互动——创生某种情景时,我们才能定义他为一个运动员。球场、队友、球、个人彼此定义,彼此塑造。互动的结果是创生了一种彼此塑造的情景。在这种情景中,事物之间相互获取价值、意义及情感。

一切事物、信息、行为的价值和意义都是在互动中创造出来的。而互动创造的一切都服务于自我——创生自我。一个人什么也不做,什么也不求,那他又是谁?怎么来定义他?我们无从下手。只有当这个人做了一些事情,或者有所求的时候,他才能被定义,才能成为他自己。也就是说,当我们说到"我"的时候,如果没有与其他事物互动,"我"就只是一个概念。只有当"我"与其他事物发生互动时,"我"的意义和价值才能体现出来。比如,"我是一个篮球爱好者"。字面上是"我"这个字与其他词语产生了互动,创造了这个句子。实质上是"我"与篮球存在互动关系——我经常打篮球。我们的自我是通过与其他事物的互动创生出来的。自我与其他事物一样,若没有互动,就处于休眠状态。休眠状态的自我是空洞、无内容、无价值、无意义的。总之是互动塑造了自我,没有互动,自我意志就没有出口。

自我通过互动与这个世界建立关系,让自身变得可见、可控、可触摸、可衡量、可谈论。个体封闭的边界感导致我们与外在事物之间只能是一种关系的存在。我们和爱人是一种关系的存在——这是我的爱人。我们与手机也是一种关系的存在——这是我的手机……解除这种关系,自我就什么也不剩了,我们的自我就会变得空虚、空洞。这种关系其实就是一种信念和意志,这种信念与意志通过互动来让自我实现表达和可感知的目的。

用户与用户,以及用户与产品、品牌、信息、平台,归根结底是一种互动关系,通过互动被彼此定义和塑造。脱离互动的情景,没有哪一方可以独立创造价值和意义。比如,起初用户不知道订单配送可以这么快——上午下单下午到。用户通过与京东购物平台的互动,体验到了这种新服务和状态。这种体验改变和塑造了用户的生活方式。同样,用户与平台的互动也创生了京东这个平台。用户每一次进入京东购物平台,进行的每一个操作,都是在塑造京东这个平台。可以说,今天的京东是被广大用户塑造的。这就是互动塑造了彼此。

用户的需求也是一种关系上的需求,只有互动才能维持和满足这种需求。产品让用户着迷,App 让用户依赖,这其中都是对互动关系的迷恋和依赖,是互动关系让产品中有"我","我"中有产品。没有互动关系,用户既不会依赖又不会着迷。自增长是倾向于塑造的增长模式,是通过激活与用户的深层互动来塑造

第十章 一切的本质是互动

用户的,同时又反过来塑造了更具吸引力和黏性的平台、品牌,以及社群。归根结底,一切商业模式都是互动模式,互动价值就是商业价值。

// 情景是向大脑输入的按钮 //

互动的目的是生成情景,情景让事物的价值和意义变得具象、直观、可感、可操作。情景直接向大脑输入,激活大脑的反应。情景是触发用户自驱力的开关。情景这个词在这里可以简单地分解开来理解。情是指情感,景是形象、画面、背景、场景、印象、感受等,即情景是带有情感的形象、画面、背景、场景、印象、感受。也就是说,互动是在制造让大脑容易理解、带有情感的形象、画面和感受。情景是情感与形象的结合,也是大脑思维和认知事物的工具。若大脑无法获取情景,就无法理解和感知事物。其实,制造情景就是在制造情感。当我在本书中提到情景这个词时,大家要意识到,我所指的是情感与形象、画面、感受的结合,并不单指情感,或者形象、场景、画面、感受等。

海伦·凯勒被美国《时代周刊》评选为"20世纪美国十大偶像之一"。她是美国的女作家、教育家、慈善家、社会活动家。海伦·凯勒一岁半的时候突发疾病,丧失了听觉和视觉。一个听不见、看不见的人，怎么可能学会读书、写字和说话，更别说成为作家和教育家了。那么，是什么力量改变了她所处的恶劣局面呢？

海伦7岁那年，家里为她请了一位家庭教师，她就是影响了海伦一生的莎莉文老师。要教会一个失去听觉和视觉的孩子认字，实在是件难上加难的事情。一天，莎莉文把海伦带到水井边，让海伦把手放在水管口下，让清凉的水滴滴在海伦的手掌上。海伦瞬间意识到了水这个词的意思，并且发出了水的音。就在这一刻她像是开窍了一样，明白了词的意思。海伦后来回忆说："不知怎的，语言的秘密突然被揭开了，我终于知道水就是流过我手心的一种液体。"这就是情景的力量。

当说到"水"这个词的时候，我们要想理解这个词，大脑首先要将这个词与一些关于水的形象、画面、感受等情景关联起来，如液体、透明、流动、凉凉的等。如果我们想不到这样的情景，就很难理解"水"所指何物，也无法理解这个概念。海伦因为看不到也听不到，所以对水没有直观的感觉。当水滴在她的手心时，产生的感受使她知道了"水"所指何物。

这里要强调一点，情景中所指的形象，是指所有能让大脑可感和可得之物，并不单指视觉上获取的可感信息，也包括听觉、味觉、触觉上获取的具体信息。如对于一款蜂蜜产品，将其包装颜色调配得很像纯正的蜂蜜，是在设计一种形象；让其散发出槐花的味道，也是一种形象。当然，声音也可以是一种形象，如可口可乐开瓶时"砰"的声音、喝可乐时打嗝的声音，都是带有鲜

第十章 一切的本质是互动

明情感的情景。海伦看不见,无法获取画面信息,听不见,无法获取声音信息,但是她的味觉和触觉带给她的直观感受,也是她感知"水"这个词的方式。与情景关联,是我们理解事物的根基,我们必须借助情景来理解概念、内容及意义。

当说到"时尚"这个词的时候,你会想到什么?是不是想到模特、T台、大牌、艺人、某种符号和标识等形象和情景?这些情景综合在一起,我们才能形象地理解"时尚"这个概念。说到时尚的时候,如果我们联想不到这些形象和情景,我们就无法理解"时尚"这个概念的意思。是形象和情景促使我们理解了概念,情景能提高大脑对词语、理念、内容、意义、概念的辨识能力。

反过来,我们要塑造一个概念或者一个品牌时,也要打造情景。提到苹果这个品牌,你会想到什么?想到的是它的商标、产品,还有一些关于它的情景和形象。品牌是一个概念,这个概念是由情景塑造起来的,是情景让其可感知。我们要明白,是情景在塑造概念或品牌,如果我们没有为品牌设计情景,品牌的概念就建立不起来,用户就无法理解。假如用户不知道词语和概念所指的情景是怎样的,用户是无法理解这些词语和概念的。就像海伦知道了"水"这个词所指的是一种流过手心的液体,才真正理解了水为何物。

大脑需要借助情景来理解品牌、产品、概念、信息,以及这个世界。人们对这一切的认知取决于对情景的感知。情景让一切变得具象、直观、可感、可知、可理解。情景是与大脑互动的工具。

// 情景塑造自我，将自我条件化 //

情景塑造了用户的需求、感觉、认知，以及对事物的判断和理解，情景也在塑造、构建、创生自我。每个人都认为自己有一个稳定、统一的自我，如喜欢吃巧克力，喜欢看书，说话比较直接，等等。这个自我不管在什么情景下，都会表现出一致的、统一的特质。我们将自身的这种稳定的、统一的感觉定义为"我"。事实真的是这样吗？我们每个人的自我都是稳定的、统一的吗？其实这是一种假象和错觉。在自我画像中我们说过，在不同的情景中自我会表现出不同的面，自我可以在不同的身份之间轻松地切换。比如，你本来是个善于言谈的人，可是在人多的时候，你会变得害羞、紧张、语无伦次。再如，你不喜欢吃巧克力，但是当你参加朋友生日派对的时候，你会很乐意分享朋友的巧克力蛋糕。自我是被情景左右的，情景才是塑造自我的核心力量。

20世纪50年代，罗杰·巴克（Roger Barker）在美国中西部的一个城市做了一项社会研究。他用了几个月的时间观察当地居民的生活方式。结果发现，人们的行为并不取决于他们的性格特点，而是取决于他们身处的情景。无论是什么样性格的人，在教堂里都会保持安静；在公园里会更愿意互动，与人交谈；在理发店里

第十章 一切的本质是互动

会表现得配合；在图书馆里会和他人一样尽量不发出声音，等等。一个人无论是怎样的性格，他在不同的情景中都会表现出不同的行为，以及自我不同的一面。在同一种情景中，不同人的行为能保持高度的一致。这就是情景对人们行为的影响。也就是说，要想说服和影响某一群人，就要将他们共同导入特定的情景中。这样一来，他们的行为就会被塑造。

你需要这个杯子吗？你需要这部手机吗？你需要瓶装水吗？其实，对于这些空洞的问题，用户很难说需不需要。用户真正需要的东西极其有限。可以说，我们生活中 90% 的需求都不是必要的。用户之所以欲罢不能地想要，是因为情景制造了需求。情景在塑造自我的同时，将自我条件化了。条件化就是将某事某物变成了保护、表达、实现自我的必要条件，比如，必须要这款产品、这项服务、这款 App 等，用户才能怎样或者才能成为怎样的人。情景将自我和事物紧密关联在一起，并使它们互为条件。

我们为什么会想要换一副眼镜呢？理由并不是镜片磨花了，或者是眼镜应该 2 年就换一次，这些理由都太过理性。当我们导入某个情景，如自己戴着这副镜框有点掉漆的眼镜去见客户，近距离地交谈，客户会注意到我们戴了一副破旧的眼镜。这样的情景会让我们认为客户会因此对我们失去信任。客户可能会认为我们不注重细节，或者说业务能力不强，连个新镜框都买不起。当我们联想到这样的情景时，不如意的、能力不强的自我与眼镜框就关联在一起了。新镜框就成了实现理想我的条件，因此我们会

自增长：让每个用户都成为增长的深度参与者和积极驱动者

迫切地想要换个眼镜框。

用户对一个目标的追求是否强烈，完全要看情景中细节的展示是否生动形象。比如，要想提升用户对减肥渴望的强度，就需要将减肥与某个情景的具体细节关联起来。很多女生在想到自己要拍婚纱照的时候，会对减肥信心百倍。只是将减肥与拍婚纱的情景关联起来，还不能绝对提升女生的减肥渴望。要做到这一点，就需要围绕拍婚纱的情景，构建生动形象的细节。比如，穿着婚纱拍照时，女生的腰上被勒出了一坨肉，怎么也收不进去；拉婚纱后背的拉链时，几个人帮忙努力了半天也拉不上去，等等。对情景中的细节生动形象的刻画，可以提升条件化的绝对性。原因是生动形象的细节，能让大脑产生强烈的自我感觉。条件化表面看上去是事物与自我建立了一种无形的关联，实质上是因为用户在情景中获得了某种强烈的自我感。自我感就是驱动力。

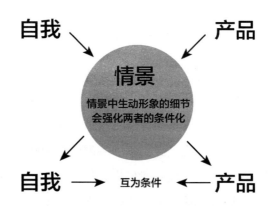

情景对自我的塑造，决定了我们不需要去了解每个用户需要什么、喜欢什么，我们只需要将用户导入情感鲜明的情景中，用

户就会表现出同样的需求和行为。决定用户是谁、需要什么的核心力量是情景。自我是情景的产物，情景是将产品、品牌、信息与自我关联起来的完美途径。

// 情景在触发与驱动之间输出驱动力 //

触发和驱动用户行为，都是情景在发挥作用。触发就是唤醒自我，激活自我，与自我建立连接。触发自我有两种模式。一种是外在触发，设计情感鲜明的情景信息，就是为了触发自我。当用户看到、关注到或者身在情感鲜明的情景中时，自我就会被激活。

另一种触发自我的模式是内在触发。大脑在体验到一种美好的感觉时，会努力记住引发这种自我感觉的线索和情景。比如，我们吃到一款糖果时感到愉悦，大脑会让我们记住与糖果接触时的一些情景，如糖果的包装、品牌、口味，在哪里可以找到它等，以便下次可以重复体验这种愉悦的感觉。关于糖果的情景线索一旦进入大脑，就会扎根其中——形成情景记忆。扎根后的情景记忆会形成内在触发信号——在没有直接的外在刺激的情况下，大脑中的情景线索也可以唤醒自我。比如，听到《甜蜜蜜》这首歌，大脑就会让我们想起那款糖果。大脑中其他一些莫名其妙的关联，有时也能让我们想到那款糖果。

那么，唤醒自我做什么呢？答案是唤醒自我上线互动——自我互动。自我互动是指用户在大脑中模拟与产品或信息发生互动的情景时，自我可能产生的感觉——获得某种自我感觉。驱动用户行为的就是大脑中这种持续的自我互动。不管是外部触发还是内部触发，目的都是产生自我互动，不断地输出行动的动力。这就好比你看到桌子上你和女朋友的亲密合照，产生了想要去见女朋友的冲动，这是外在情景线索唤醒了你的自我。但并不是自我被唤醒，你就会产生行动力——毫不犹豫地去见女朋友。唤醒自我只是引起了自我的注意，点燃了想要的冲动和念头。如果接下来你又一想，今天还有很多事情要做，根本走不开。你冲动的念头就有可能会被打消。但是，如果这时你接着想象和女朋友在一起时甜蜜的情景，你就有了不顾一切要去见她的冲动，你便会放弃手头的事情，跑到几十公里之外的地方和女朋友约会。这其中发生了什么，让你的一个想法变成了行动呢？那就是当你想象与女朋友的亲密情景时，大脑释放了大量的多巴胺。多巴胺是驱动人们行为的燃料。大脑中的多巴胺含量提高，人们行动的动力也会随之提升。是多巴胺最终促使你采取了行动。在大脑中围绕和女朋友见面的情景展开想象，就是在自我互动，就是在制造多巴胺，就是在制造行动的动力。关于多巴胺是一种什么样的物质，以及它对用户成瘾行为发挥的作用，可以延伸阅读《成瘾》一书。记住，持续的驱动力是由用户的自我互动产生的。

第十章 一切的本质是互动

互动是为了制造情景，情景是为了触发和驱动自我。情景既是开关——触发器，又是种子——执念，还是发动机——动力输出系统。也就是说，情景是触发和驱动用户行为的核心力量，而情景又是由互动制造的。接下来和大家分享 5 种互动模式。可以说任何品牌、产品、信息，触发和驱动用户行为的动力都是从这 5 个维度获得的。只要我们能深入掌握这 5 种互动模式，就具备了创造价值、左右用户行为的能力。

第十一章

触发和驱动模式之一:
自带戏份

// 自带戏份之"硬互动" //

情感是激活自我、触发自我意志的点火器，但是情感是不能单独存在的。它需要依附于画面、感受、形象、场景等，只有这样情感才能可感、可知、可操作。因此互动的目的是让事物带上鲜明的情感，让情感依附在事物中。这两者结合的产物就是情景。也就是说，互动就是情景化，是为了将一个句子、一条信息、一个包装、一支广告、一个产品、一个品牌、一个人、一个 App 情景化——让它们既带感又可感。情景化的互动体具备了触发和驱动两种功能。情景化让情感和意志结合在了一起，持续而有深度地驱动用户的行为。记住，我们所做的一切工作都是为了情景化。从今天起，我们要用情景化的思维去理解设计、运营、营销、文案等工作。

互动分为 3 种模式：生成式互动、渗透式互动、沉浸式互动。这 3 种互动模式创造价值的方式不同。生成式互动是通过各种素材、元素的互动创生出具有独立价值、意义、功能的产品、信息等。一部手机是由各种技术、材料、颜色、功能、工艺、设计等互动创生的。一个人通过穿着、言行、发型等元素的互动创造了自己。设计师通过图片、文字、色彩等元素的互动创作出了新的作品。一个人、一部手机、一支广告，都是通过互动创生的生成式的互动体。人与人之间的差别，手机与手机之间的差别，广告与广告之间的差别，就是互动素材、互动模式、互动目的上的差别。

我们想要把一件产品卖出去，首先要做到让其看上去值得买。一件产品值不值得买，是由其情景化程度的高低决定的。让互动体自带"戏份"，是情景化最基础的方法。只有自带戏份，互动体的价值才能被用户直观地感知到。自带戏份就是指通过互动让互动体自身成为一道风景，让其自身有戏，凸显出自身的个性和风格。比如，一款蜂蜜产品的瓶身上设计了两个展开的小翅膀，直观地看上去就很可爱，让人感觉是一只蜜蜂在飞翔——这就制造了一种情景。而这种情景给人的深层感觉是，这款蜂蜜是天然的、纯正的，而且很新鲜。再如，星巴克的猫爪杯，选择将杯子与猫爪的形象互动结合，就像一只猫的爪子伸进了杯子里。这样的情景让杯子带有了鲜明的情感——可爱、时尚，这就是它的"戏份"所在。这种"戏份"让用户瞬间就被触动——爱不释手。又如，"你若安好，便是晴天"这句话，短短8个字就为我们营造了一种美好爱情的情景。这种生动形象、富有情感的情景，能够启动大脑的联想。

让互动体自身就带有情感鲜明的情景，是自带戏份的一种方式。自带戏份还有另外一种方式——自身所带的情感主要来自其他已经在用户心中带有鲜明情感的事物。比如，把饼干设计成小猪佩奇的样子，其中饼干的戏份完全是由小猪佩奇的形象决定的。这款饼干之所以受小朋友们喜欢,完全是因为小猪佩奇的形象,而不是饼干本身。

互动体有时候不必将各种元素精妙地组合在一起,通过一个概念、一种形式关联或组合在一起,也能生成新的互动体——产生新的价值、意义和功能。在我们的理解中,点赞就是点赞,投币就是投币,收藏就是收藏,每一项都是具有独立意义的互动体。但是 B 站将这三者组合进一个新的概念里,就生成了一个新的互动体即"一键三连",还有人将其称作"素质三连"。

通过组合、结合、结盟、设计等基本的互动方式进行情景化的模式也叫硬互动。硬互动是指各种素材或具有独立意义的互动体,通过设计组合在一起,形成了某种新的情景的互动体。打造产品和信息的最高境界,就是让其自带戏份,让其自身就是情景。

// 自带戏份之"软互动" //

很多时候我们难以设计出更有创意、更经典的互动体,这种情况下我们可以通过"软互动"的方式进一步对互动体本身进行情景化。软互动就是做硬互动之外的工作,对已生成的互动体进行升华,是通过软优势进行价值的二次创造。由于软互动还是在互动体本身上做文章,因此软互动依旧是生成式的互动。大部分人都是普通人,人与人之间并没有明显的区别,但是为什么有的人讨人喜欢,而有的人就不讨人喜欢呢?这就是由于软实力不同造成的差异。比如,讨人喜欢的人善于沟通、善于共情等。软互动可以让互动体看上去更具价值,它是情景化的一种重要方式。由此可见,要想让互动体更有"戏",除了硬互动外,我们还可以通过软互动来制造戏份。下面给大家分享几种软互动的方式。

◊ 形象化

周鸿祎在一次采访中讲了一段做手机的经历。他们公司和小米都在做手机的时候,小米的摄像头写的是"全玻璃镜头",周鸿祎就问技术人员："我们的镜头是不是玻璃的？"技术人员说："当然是。"周鸿祎说："那我们为什么不说呢？"技术人员理所当然地说："用户都知道啊。"周鸿祎说："你错了，用户不知道，我都不知道。"然后周鸿祎就让技术人员写了"全玻璃镜头"。周鸿祎又问技术人员还有什么不一样，技术人员说："我们是 5 片，小米是 4 片。"周鸿祎就让他们写上"5 片全玻璃镜头"。但是周鸿祎还是感觉感染力不够，就又让技术人员加上了"光学玻璃"。这样一来就与普通玻璃区别开来了。为了让人感觉玻璃镜头透光性更好，最后将文案调整为"5 片全光学超高清透光玻璃"。周鸿祎说："这种文案我自己看了都很感动。"

可视化的语言及整体的视觉呈现，都是在打造一种情景。我们要记住，用户只能感知到事物中所带的情感，而对那些深层的原理、技术、模式一窍不通。如何让用户感知到那些似懂非懂的东西的价值呢？这就需要借助形象的语言和直观的画面来增强用户对信息中情感的可得性——利用生动形象、具有画面感的文字将产品的属性表达出来，这样用户才能对产品隐藏的、不可感知的价值产生直观的、可感的认知。

♠ 入流、入格、入形

让互动体自带戏份的另一种软互动方式是入流、入格。它是指让互动体本身具有某种流派、气质和风格，比如，这款家具是时尚简约风格的，那款是欧式风格的等。产品一旦被导入某种流派和风格,就与某种鲜明的情景关联了起来,就会显得正统、正规,这样互动体的价值就会凸显出来。

例如,当我们在网上看到一款帽子或裙子在买或不买犹豫不决时,如果它的产品介绍中写着"日系风"或"波西尼亚风"这样的字眼,我们就会觉得它很美,价值倍增。又如,两款在款式、颜色、价格上没有特别大区别的防晒服,只是裁剪上有细微不同。如果销售员指出其中一款是修身的或者是运动款,那么这款衣服就会变得独特。再如,用户很难对一款不知名的咖啡有好感,但是一旦为其标上产地,如瑞士或者意大利,这款咖啡就会变得正宗,它的价值也会显现出来。以上就是入格和入流创造出的价值。

这就像我们看一个人一样,总是试图给他定个调子,如斯文的、阳光的、稳重的等。这是因为大脑受到了追求模式的意志驱使。大脑如果无法产生整体的印象,当然也无法留下深刻的记忆。对大脑来说,没有鲜明风格的就是平庸的。

软互动还有一种方法,是让产品与用户熟知的某个带有鲜明情感的事物关联在一起。也就是入形——像什么、像谁、与什么相似。就比如描述一个人的长相,说他很像某个名人,那么他的价值就会瞬间飙升。再如描述××空调吹出的风柔得像春天的微风,这会让空调与带有情感的事物关联起来。入形也是提升互动体价值的方法,会让互动体自带戏份。

将互动体入流、入格、入形,就是将其导入情感鲜明的模式里。我在《带感》一书里,关于操控用户感觉控点的内容中提到一个叫模式预制的控制点,是说大脑总是试图从信息中获取某种模式,然后借助获取的模式理解产品和信息。入流、入格、入形是主动为大脑制造模式,让大脑根据设定的模式展开理解和认知。由此可见,在互动体中设置模式是影响用户对事物认知的有效方式。

◇ 标签化

由于用户的大脑是模式化的,因此为互动体贴上某个标签,就会激活用户的某种反应。在一项研究中,研究者让被试对同伴进行惩罚,惩罚的力度由被试自己选择。如果这些被试在实验开始前被研究者描绘成某种动物,而不是人类,被试在惩罚同伴的时候,惩罚的力度就会更大。标签的最大作用就是启动大脑的模式化反应,引导用户的行为。贴标签是大脑最擅长做的事情,被贴上标签的事物就被放进了某个稳定的模式里。这样一来,用户与其互动就会不费力气。如为饮料贴上低脂、零卡、零糖的标签,用户在喝的时候就不会有长胖的担忧。

将互动体标签化,完全是因为标签带有鲜明的情感。标签化既是用户认知产品的捷径,又是启动大脑模式化反应的方式。如果你要在抖音发视频,那么一定会有人告诉你要创建好自己的垂直标签,这样才能引来流量,获得精准推广,快速涨粉。具体如何创建垂直标签,不同的人有不同的方法。有些人是要你关注同类账号,有些人是让你在发布视频内容时添加标签,还有些人让你在账号设置里添加标签。总之就是要让你的账号和内容关联一致的、鲜明的标签，这样你的账号和内容才能带上鲜明的情感，不管是系统还是用户，才能直观地认识你、找到你。

◊ 活化

让互动体自带戏份的另一种方法是活化——为互动体赋予生命力，也就是将产品比作人或动物，让它看上去是有生命的，让其"开口说话"，让其动起来，等等。总之，就是要让用户感到自己是在与一个人或者与一个有灵魂的活物互动。

很多产品的包装上都印着与用户互动的语言，这也是一种活化的方式。螺状元有一款螺蛳粉的包装上写着"没有人比我更处女座"。处女座代表了追求完美、绝不将就，一款螺蛳粉不但有自己的星座属性，还在跟用户说话，知道用户对产品的要求是极致的，绝不容许有任何的不完美。这样的方式让用户感觉该产品是有思想、有灵魂的，是可以理解用户的。其实，无论用户与什么互动，产品也好，品牌也好，信息也好，我们都要让用户感觉是与一个活生生的人在互动，而不是冷冰冰的实物。

活化的另外一种方法，是让产品像人或者动物一样动起来。在广告中，养乐多的小瓶子欢快地扭着腰身转呼啦圈，这就是赋予互动体生命力的一种方式。这样的情景会让用户感觉养乐多是活的，是有生命力的。喝进肚子里，会与自己的肠道互动，促进肠道消化。

第十一章 触发和驱动模式之一：自带戏份

曾经火爆的玩具惨叫鸡，用手一捏会发出凄惨的叫声。你说这个产品有什么用吗？还真没有什么实际的作用。但是一捏就会惨叫的这种与人互动的方式，使这款玩具成了很多人释放压力的工具，受到很多白领和学生的追捧。这是一个将互动体活化的经典案例。它惨叫的声音带有鲜明的情感，让人感觉它是一只有生命的、活生生的鸡。

第十二章

触发和驱动模式之二:
场景关联

// 如何二次获取价值？//

在互动方式中，除了生成式互动外，还有一种方式，叫渗透式互动。渗透式互动是指互动体与自身之外的背景、场景、故事、人等进行更加深远层面的互动。渗透式互动是对互动体价值的进一步提升，是互动体向更深远层面获取价值的情景化方式。

渗透式互动的第一个层面是背景化和场景化。简单地理解，就是借助把产品放在什么地方、和什么放在一起、怎么用等，来创造产品的自身价值。背景化和场景化是让互动体与背景和场景关联起来，进行价值渗透，也就是向背景和场景"要"价值。

背景和场景对价值的塑造作用是立竿见影的。同样的一个杯子，放在不同等级的餐厅里、不同档次的餐桌上、不同品质的餐桌布上，其价值和意义就会变得完全不一样。这就像一个人拍照时的背景决定了照片会体现出怎样的价值和意义。比如，分别以天安门、图书馆、高档餐厅、胡同等为背景拍照，产生出的价值和意义是完全不同的。

经济学家理查德·泰勒做过一项研究。他让被试分别从一个小杂货店和一个高档度假村购买同一款啤酒。这两种场景中，啤酒的售价差别很大。度假村一罐啤酒卖 2.65 美元，而杂货店只卖 1.50 美元。结果发现，同样的啤酒放在不同的场景中，让被试对价格的判断和承受能力发生了改变。被试会心甘情愿地接受啤酒在度假村卖 2.65 美元。高档度假村这样的场景所带的情感，让用户可以接受更高的价格。

同样是一碗面，在不同的场景中享用，用户能接受的价格也不相同。和府捞面将用餐环境设计得很有书香气息。在书香环境里吃一碗面要多少钱？40 多元一碗面的价格，用户感觉也是合理的。这就是书香环境创造的价值。

同一张产品图片，放在购物平台的首页，用户会认为这是一条促销信息；放在分类页，用户会认为这是重点推荐；放在产品页，用户会认为这是产品的具体介绍。同样的，把同一张产品图片分别放在拼多多、京东、聚划算的页面中，用户对产品的印象也是不同的。对于一个语句也是一样，大脑是靠前后语境和环境信息来理解这个语句的。

每种背景其实都带有特定的情感和功能。互动体被放在不同的背景和场景中，其价值和意义也会完全不同。

背景化与场景化是产品和品牌创造价值的重要方式。宜家是最懂背景和场景对塑造产品价值的意义的，所以宜家展厅的设计更加情景化。他们给用户展示了各种家具用品的搭配方式，打造出了风格各异的样板间。这些情景或温馨惬意，或宁静简约，或高端精致，让用户非常渴望沉浸其中，感受其所带的情感。作为情景化的一部

第十二章 触发和驱动模式之二：场景关联

分,《家具指南》将各种产品与精心设计的背景和场景搭配,拍摄出精美的照片,也能让用户有身临其境的感受。其实这些都不是在展示产品,而是在向用户展示一种生活方式,告诉用户这件产品将怎样改变用户的生活。宜家其实就是一个为产品创造渗透式互动的品牌,他们出售的是一种情景化的生活方式。

场景和背景并不单指空间环境。我们在前文中说过,能让大脑可感之物都可以成为产品的背景,包括音乐、味道、色彩等。同一个咖啡馆,播放不同的音乐、采用不同的主色调装饰等,都能影响顾客对咖啡的感受。另外,满屋咖啡飘香,也能改变用户的感觉。很多爱好喝咖啡的人,之所以不喝速溶咖啡,并不是因为它很难喝,有的速溶咖啡味道也不错。根本的原因在于喝速溶咖啡缺少一种氛围。而如果是在家自己磨咖啡,在喝到咖啡之前,咖啡的香气就已经飘满了整个屋子。咖啡飘香让人对喝咖啡更加充满期待。咖啡的香气为喝咖啡营造了一种惬意的氛围。这时影响大脑对咖啡判断的已经不单单是咖啡的味道了,还有这种氛围唤起的对咖啡的期待——意志。同样的,人们去咖啡馆喝咖啡,也更多的是为了那种喝咖啡的氛围,氛围可以大大提升人们对咖啡的好感。

我们一定要记住一点,在很大程度上,用户是靠产品所处的背景和场景信息来对产品做出价值判断的。背景和场景是影响用户对产品价值判断的第二个重要因素。也就是说,是背景和场景在界定产品。

自增长：让每个用户都成为增长的深度参与者和积极驱动者

// 场景就是需求 //

用户是无法脱离各种场景而生存的，用户在不同的场景中会表现出不同的需求，这也是我们一直强调用户是情景塑造的原因之一。也可以说，用户的需求是由场景决定的，场景就是需求。场景是与用户需求关系最直接、最紧密的。比如，我们走进超市就想买东西，走进电影院就想吃爆米花，打开手机就想玩游戏、看视频等。也就是说，用户进入不同的场景，对应该场景的需求就会被激活。用户进入场景的目的就是塑造自身的存在。一个产品从研发到推向市场，每一步都需要深入研究其与用户使用场景的关联性。

什么样的文案能掷地有声呢？那就是与产品使用场景关联紧密的文案。华为手机对防水功能的描述，就是在与用户的使用场景关联。"与水花不期而遇？没关系，有IP68级防尘抗水。打翻的咖啡，洗漱的水花，突然的大雨，都别担心。放心，它的水性比你想象中的要好不少。"这样做是因为特定的需求只有在特定的场景下才会被激活。用户对手机防水功能的需求，只有在与水相关的场景中才存在，脱离场景谈需求都是空谈。

高考对每个中学生来说都是非常重要的场景。与这样的场景关联，无疑可以创造巨大的价值。仅 2021 年，高考人数就高达 1000 多万人，如果一个产品与这样的场景关联了起来，那么它创造的价值是不可估量的。六个核桃推出了高考罐精品型包装的核桃露，罐身上分别印着"高考加油""三模有底""一罐稳过""高分不累""超常发挥""智商爆表""门门问鼎""不负韶华"等文字，每一个词都与学生面临的重要场景紧密相关。一个学生从进入高中阶段就在一步步、一天天地为高考这一场景做准备。可以说，一个高中生 3 年中做的大部分事情都与这一场景紧密相关。与这样一个非常重要的场景关联，无疑能够大大提升产品的价值。学生为了以更好的状态面对这样的场景，当然会看重与这个场景紧密相关的事物。与用户重要的场景关联，就与用户的目标关联了。

千千音乐 App 把音乐按场景分成了上百个类别，基本上覆盖了用户生活的所有场景，如旅行、乘地铁、运动、学习、清晨、夜晚等。无论用户跳转到哪个场景，音乐都在那里等着他。与场景关联，就与用户紧密关联了。

在北京奥林匹克森林公园里，有一条长 10 公里的红色跑道——特步跑道。这条跑道上每间隔一定距离，就会有一个醒目的特步标识，每个来此锻炼或者游园的人，都能反复注意到。特步不仅冠名了跑道，还在跑道沿途设置了特步跑者服务站，为锻炼者提供临时休息和补水服务。就这样，在人们运动的过程中，特步品牌深入人心了。这也是与用户出现的场景进行关联，从而让用户的需求与产品关联起来的方法。

江小白为什么会火？真的是情怀在发挥作用吗？其实归根结底，是因为它与用户的使用场景关联紧密，也就是渠道做得好。我们在大小社区的大小餐厅，基本上都能看到江小白的海报和标识。因为他们知道与用户需求联系得最紧密的就是场景，用户的使用场景才是他们真正的战场，而餐厅就是离用户需求最近的地方——将吃饭和喝酒关联在一起。如果没有强大的渠道推广能力，即使包装设计得再有个性，产品情怀再高，江小白都不太可能有今天的成功。

与场景关联，是指将产品放进离用户最近的场景中，或者是与用户需求最紧密的场景建立联系。我们做的大部分工作，都是为了让产品与用户场景建立有效而直接的联系。

// 场景优化的 3 个原则 //

要想有效地与场景关联起来，创造产品渗透式的价值，就需要对关联的场景进行优化。因为并不是只要与用户场景进行了关联就能创造价值。有效关联首先要遵循以下 3 个原则。

◇ 场景带感

产品为什么要与场景关联呢？目的是占到场景的"好处"。

第十二章 触发和驱动模式之二：场景关联

所以，首先场景要有好处可占——能够提升产品的档次和价值。这就需要产品关联的场景带有鲜明的情感，这也是优化关联场景的第一个原则，即场景带感。

如果一个薯片广告告诉你，这款薯片很好吃，另一个广告告诉你，边看电视边吃这款薯片很不错。这两种方式哪个更能唤起你对吃薯片的渴望呢？当然是后者。因为把薯片放在看电视的场景中，大脑对这款薯片的美好有了可得可感的情景。当你想到晚上回家后躺卧在沙发上，懒洋洋地吃着薯片喝着啤酒追着热剧，别提多享受、多惬意了。看电视追剧的场景带着鲜明的情感——美好而惬意。让薯片与这样的场景关联，会大大提升薯片的美好感。还有一点，带感的场景让大脑可得——容易围绕场景展开想象。想象能激活大脑的自我意志，意志又能够强化吃薯片的美好，也就是说，想象的美好要比实际的美好高10倍。由此可见，与带感的场景关联，才能提升用户对产品的渴望。

在抖音平台我们常看到这样的视频：仅一张图片配以节奏感较强的背景音乐。这样的安排能大大提升这张图片的视觉效果，这就是与带感的音乐关联在一起产生的效果。

罗纳德·里根参加总统连任选举时，在开始的电视辩论中表现得并不尽如人意。大部分人认为里根的年纪太大，对他的身体健康和心智状况非常担忧，毕竟他已经73岁了。那他还能赢得民心并连任吗？这就要看他最后一次电视辩论的发挥了。在最后一次辩论中，里根并没有大谈外交政策和税收制度，而是充分发挥了自己的幽默感。幽默感让他看上去依旧思维灵活、处事机智，这才使他重新赢得了民众的支持。后来社会学家对这场辩论做了深入研究，分析里根为什么能逆转局面。社会学家让一部分被试看当时的直播录像，让另一部分被试看经过消音处理的剪辑过的录像，后者听不到现场观众的笑声及其他声音方面的反应，不过里根的辩词与第一份录像中的是一样的。结果是，前者认为里根表现得很出色，而后者认为里根不如对手。根本原因是里根具有幽默感的表达，引得一些观众发出笑声，强化了里根幽默的形象。现场的笑声作为里根演讲的背景声，大大提升了他的个人魅力。这就是很多并不搞笑的视频一旦配上笑声，观众就会感觉比较好笑的原因。这就是以带有鲜明情感的信息作为背景对主体的影响。

我们生活在一个情感化的世界里，一切带有鲜明情感的事物都可以发挥背景和场景的作用。与带感场景的关联，并不局限于组合在一起、放在一起这样简单的形式。很多时候，内容与场景的关联是潜移默化的。在很多广告中，产品和广告的内容并不带有鲜明的情感，却能促使用户对产品和品牌产生正面的情感。这是为什么呢？其实广告宣传，除了广告的内容外，广告本身也是一种建立关系的行为。即使广告内容较差，情感较弱，但广告这一形式本身就是带有情感的，广告本身就能够提升产品的情感。就好比当年央视播放的恒源祥广告，"恒源祥，羊羊羊"，重复地播放，简单得毫无情感可言。但是它最终使这个品牌在用户心中带上了鲜明的情感。只要能付得起宣传费用，广告本身就能提升产品和品牌的情感。广告的内容如果很棒，那就是一件锦上添花的事情；如果不好，也没有太大的问题。也就是说，相比广告这一形式，广告内容并不是最重要的。

投放广告的 3 个效用本身就是带有情感的。第一，占据媒体资源。媒体的资源是带有鲜明情感的。央视的广告位、地铁的广告位、电梯里的广告位等本身就是一种优质资源，不是每个公司都能获取到的。这些资源本身是带有正面情感的，能让产品信息出现在这些位置，就能体现出产品的优质性。这就是占据媒体资源获得的优势。第二，重复获取用户的注意力。关注就会产生熟悉感。当一个广告、一条信息反复出现在用户视野里的时候，就是在提升用户对其的好感度。重复出现的信息会让用户感到熟悉、安全而美好，这也是曝光效应的作用。重复获得用户的关注是提升产品和品牌情感的重要方式。第三，说者优势。当用户关注到广告时，会认为广告中的产品是专业的、优质的，是值得宣传和选择的。如同样是牛奶品牌，谁做广告、谁站出来表达自我，用户就会感觉谁是优质的、值得选择的。这就是说者占据的独特优势。就像抖音平台的一些知识博主，用户关注到他们的时候，就会认为他们是专业的，代表了一个行业的较高水平。如分享法律知识、健身知识、教育知识的博主，当用户关注到他们的时候，就会认为他们是行业内的精英和专家。但是，他们真的能代表行业内的最高水平吗？不见得。但是他们站出来了，他们进入了用户的视野，这就占据了有利位置和绝对优势。

以上 3 点使产品广告所宣传的内容即使不带情感，但是只要肯"烧钱"，也能改变用户对产品和品牌的态度。

其实，广告的形式就是在借助复杂的背景和场景信息进一步创造产品和品牌的价值。广告本身就是一种带感的场景和背景。

◊ 高度匹配

要想提升产品的价值，就要让产品与用户使用产品的场景高度匹配，这样产品的价值才能直观地显现出来。这就是场景优化的第二个原则——高度匹配。

波司登羽绒服的宣传海报是以都市街景为背景拍摄的，显得很时尚、很前卫。这与品牌产品的使用场景高度匹配，用户很容易将自身投射到这样的场景中，感受海报中模特展现出来的美好。

另一款呢大衣的海报，展现了模特坐在枯草遍地的荒野里，抱着一只小羊的情景。虽然这样的海报有一种独特的表现力，在某种程度上能体现大衣的纯羊毛质地，但是与目标用户的使用场景并不吻合，用户看后自然无感。目标受众更想看到自己穿着呢大衣出现在时尚的街区、地铁、办公室、聚会上的效果，因为这才是他们的"战场"。与用户的使用场景关联不够直接，用户对产品的感觉就会大大降低——无法形成沉浸式互动。

现在流量当道，很多人认为只要有流量就能变现。其实流量与场景也是高度匹配的。在某种情况下，场景决定着流量的属性。抖音作为一个娱乐性质的流量平台，有很多的流量。于是很多人打起了抖音流量的主意，试图通过抖音来带货。其实，想单纯地

第十二章 触发和驱动模式之二：场景关联

做做视频内容就实现借助抖音流量带货的目的是非常困难的。因为抖音的流量与它的使用场景存在关系，与带货的场景关联度比较低。虽然借助短视频实现抖音带货比较困难，但是在抖音做直播带货效果就不一样了。因为直播的场景与带货高度匹配。如果你想在抖音带货，那么直播的效果要好于短视频。同样的，被打上了带货标签的博主，在抖音直播中带货的效果又要更好一些。就如罗永浩在抖音直播带货，他本身就打着带货的标签，他本人也自带戏份——就是带货的场景，场景与带货的匹配度越高，带货的效果自然会越好。

需要注意的是，不是有流量就能为你所用。由于流量与场景紧密相关，场景决定着流量的属性，因此流量需要与产品的使用场景高度匹配才能为你所用。这就好比在钱大妈买菜的大爷大妈很多——有流量，但是这些流量能被隔壁的足疗馆利用吗？不可以。因为钱大妈的流量的使用场景是买菜，与按脚、修脚并不存在关系。所以这些大爷大妈从足疗馆门口走过 100 次，也不会想要进去按脚。这是流量的局限性。要想让这些流量被足疗店利用，就要将其与修脚的场景关联起来。可以说，不考虑场景属性的流量都是无效的流量，或者说是不精准的流量。

◊ **场景高频**

场景优化的第三个原则是与用户的高频场景关联。高频场景是指用户频繁出现的场景，或者是用户频繁使用产品的场景。让产品与用户的高频场景关联起来，产品的价值就会最大化地发挥出来。比如，将养乐多与吃饭的情景关联起来，就是与用户的高频场景进行了关联。用户一天三顿饭，每顿饭都可能会想到来瓶养乐多促进一下消化。同样的，老干妈产品也是因为与用户的高频使用场景关联了起来，才使销量大幅提升。一个人平均一周可以吃掉一瓶老干妈产品，但是一个餐厅一天就可以用掉几瓶甚至是十几瓶。所以让老干妈产品与餐厅的烹饪场景关联起来，老干妈的市场需求就不可限量了。餐厅一天到晚都在做菜，与这样的高频使用场景关联，不但最大化地体现了产品的价值，同样也大大提升了老干妈产品的销量。

高频场景意味着与用户接触频繁，这会让用户对产品产生依赖。结果就是，吃饭没有养乐多，好像就不是一次完整的用餐；烹饪没有老干妈，就无从下手。由此可见，在对场景进行优化的时候，与高频场景关联是一个非常重要的原则。

第十三章

触发和驱动模式之三:
情节升华

1 // 如何实现价值的超越？//

与互动体建立场景关联，还只是停留在直观的层面，对价值进行渗透。其实互动并不仅局限于可见的、可触及的、直观的层面，互动体还可以与更深远的时空里的事物和信息进行互动，以此来创造价值。这就是渗透式互动的第二种方法：情节化。简单地理解，情节化就是讲故事，是展现互动体的发展过程，或围绕其发生的事情。情节化是将产品导入更加开阔的时空，让其与更多的、更有价值的、带有鲜明情感的人、事、物发生互动。情节化是在展示产品不能被直观看到的那部分内容。一个人、一个产品、一个品牌，如果没有通过情节化进行价值的深入加持，那么它与其他事物的差别就会非常有限。要想让人与人、产品与产品、品牌与品牌、功能与功能区分开来，形成更大差异，就需要将其情节化。情节化是更具创造性和超越性的互动模式，可以脱离直观可见的价值，创造出更深远、更巨大的价值。情节化创造出来的价值，在很大程度上远超自身和场景创造出来的价值。

两个一模一样的杯子摆在你面前，你会选择哪一个呢？是不是哪个都行？但是如果告诉你其中一个是名人用过的，或者给你讲述其中一个杯子背后的故事，你会选哪一个？一般情况下，我

第十三章 触发和驱动模式之三：情节升华

们一定会选名人用过的、有故事的那一个。

保罗·布卢姆和布鲁斯·胡德做过一个实验，他们把一个金属酒杯放进盒子中，告诉孩子们这件东西是伊丽莎白女王用过的。然后研究人员关上盒子，并假装操作盒子，待发出一阵蜂鸣声后，另一个盒子里有了一个一模一样的酒杯。接下来研究人员要求孩子们为这两个酒杯估价。孩子们认为女王用过的物品比其复制品更值钱。这个实验说明了两个问题。一个问题是只要为一个事物讲一个生动的故事，就能改变其价值，而且是从本质上改变其价值。就像上例中，一个普通的酒杯，告诉孩子们是女王用过的，孩子们就认为它很有价值，就能从本质上区别于其他酒杯。另一个问题是故事的指向性是不可变的。发生在某一事物上的故事是不能被复制到其他事物上的。就像实验中将女王用过的酒杯复制一个，孩子们也会认为复制的酒杯女王没有接触过，没有原本的酒杯值钱。上例说明，情节化创造的价值是具有竞争优势的。这就是为什么要进行情节化的关键所在——从本质上制造区别，价值指向单一不可复制。当我们将产品与故事关联起来的时候，这个产品就会从本质上发生改变，变得不可复制、不可替代，具有独特性，这就是情节化创造价值的优越性。不像自身互动和与场景互动，它们都能被复制。

另外，故事可以唤起用户的自我意志，增强用户对产品的渴望。松阪牛被奉为日本上等和牛，有时一盘售价近千元。其实如果不知道它背后的故事，你就不会认为它多有价值，你会认为它贵仅仅是因为松阪牛肉脂肪和肌肉分布得均匀一点而已。但是当你得知松阪牛的一生都会享受到人工按摩、吹风扇、喝啤酒、住独立套房等高级待遇时，你瞬间就会觉得它很有价值。再去吃松阪牛肉，你就会觉得它更好吃了。这时已经不是牛肉真的好吃那么简单了，而是故事唤起了你的自我意志——想象得好吃。

故事与场景不同的是，用户需要积极主动地去翻译故事，将它翻译成能被自己的素材编辑的故事。这样故事才能被理解，同时这也使听故事的人成了故事的参与者。由于用户会用自己的素材重新理解故事，使故事这种形式成了一种更容易被内化和理解、更容易被接受的互动模式。比如，"拉菲庄园是世界八大名庄之一，拥有目前世界上最有名的红酒"。看到这句话的人，如果对红酒不太了解，一般会把拉菲庄园理解为电影中欧洲城堡的样子，或者仅仅是一个品牌的名字。再往下看："拉菲庄园占地面积为178公顷，其中有107公顷是葡萄园。"这时我们才会把它想象成被一大片葡萄园包围着的城堡的样子。我们能理解这段文字，完全是因为用自己能理解的素材翻译了它。不然我们理解不了，不知道它所指何物。

在理解故事的时候，由于大脑需要跟着情节不断地翻译，因此我们的大脑不能对故事做出理性的判断，不然大脑就会因为与故事情节脱节而听不懂故事。再者，故事中往往具有生动形象的画面，每当想起故事，那些生动形象的画面就会占据大脑——让用户仿佛身在其中。这会让大脑产生真实感——将想象与事实等同起来。这就是情节化的又一个优势。

第十三章 触发和驱动模式之三：情节升华

// 情节化获取的 3 种关系 //

情节化是围绕互动体在创建 3 种关系，分别是时空关系、因果关系、情感关系。不管是一个人还是一个产品，都是因为这 3 种关系创建得巧妙，才被创造出了超级价值和意义。

◇ 创建时空关系

我们先来看时空关系。情节化可以与更深远的时空互动——将手伸到更深远的地方，抓取价值。在曾经红极一时的艺术品鉴赏类节目中，我们经常会看到，持宝人习惯性地讲，宝贝是祖爷爷留下来的，或者是在国外淘到的，又或者是抵债换来的，等等，总之，每件宝贝都很有故事。在短短一两分钟内，能让观众对一件宝贝产生信任的方式就是讲故事。讲故事是让用户快速了解一个人、一个物品的唯一方式。持宝人讲的故事，让观众感到这个物件有过往、有来历、有岁月的痕迹，而不是凭空来的。所以，观众马上就会对这个本没什么感觉的宝贝瞬间产生信任感。这就像一个人，如果没有童年、没有过去、没有故事，他就没有生命力。事物通过互动与时空关联，会变得丰满、生动、可信。时间是不可逆的，只有通过故事才可以再现时空中发生过的事情。由此可

自增长：让每个用户都成为增长的深度参与者和积极驱动者

见，讲故事就是重现时间的重要方式。

有些超市里会提供农产品溯源机，用户可以通过在机器上扫码追溯各种农产品的相关信息，如生产、加工、包装、检测、运输、销售等环节的具体信息。这种追溯机制其实就是对整个生产和销售过程的再现，可以大大提升用户对产品的信任度。

◇ 创建因果关系

人最爱问为什么。一个事物的产生总是应该伴随着一些理由、一些契机，不然为什么存在呢？就像我们对自己的理解，伴随我们一生的问题，就是"我"为什么会来到这个世界，肩负着什么使命和责任？如果没有为什么，我们又来做什么呢？一个凭空产生的产品也是这样，解决为什么的问题，就是解决价值的问题。为什么就是事物存在的价值。而情节化就是要通过互动建立第二个层面的关系：因果关系。解释为什么会这样，为什么会产生和存在，为什么是这个，等等。

凡·高和毕加索都是著名的画家，而两个人的生活境况却存在天壤之别：凡·高一生穷困潦倒，而毕加索却十分富裕。为什么二人存在如此之大的差距呢？原因在于他们画画之外所下的功夫不一样。毕加索每次在出售自己的画之前，都会先办画展，然后召集大批知名的画商来听他讲故事。讲自己是在什么样的情况下、花了多大的精力创作出这幅作品的，讲为什么要创作这幅画，画的意义是什么，代表着什么，等等。除此之外，毕加索还积极地通过一些社交活动提升自己的名气。毕加索这么做就是为了让他人感受到其作品的价值所在。为什么创作这么一幅画,就是这幅画存在的根本价值和意义。没有了为什么,这幅画就没有了立身之本,就只是一块画布上涂的不同的颜色和图形。而讲故事就是建立因果关系的根本所在。

◊ 创建情感关系

情节化不但可以让产品与时空、因果建立互动,最核心的是可以建立情感关系,也就是让事物与某种理念、精神、情感发生互动。我们举例来看,如何让产品与爱情互动起来,建立情感关系呢?做法很简单,就是在产品中导入关于爱情的情节。香奈儿设计的小黑裙系列非常经典。小黑裙的设计款式和制作材料决定了它的基础价值。在此基础上,要想让小黑裙价值最大化,就需要通过情节化来实现。于是香奈儿讲了一个小黑裙与真挚爱情有关的故事。她宣称这个系列是为了纪念她挚爱的恋人而设计的。这样一来,小黑裙就带上了与爱情有关的情感。小黑裙承载着真挚的爱情,这让它的价值实现了超越。任何理念、情感,要想让用户可感,都需要通过讲故事建立情感关系。

抖音上有些设计服装的博主,会和大家分享服装的设计思路。比如,一款在大家看来很普通的卡其裤,他们会这样介绍:"这条裤子是我们改良过的,没有把弹力做得很大,因为那样的话裤子会比较软。目前这种弹力会显得很挺阔,而且回弹很好,不容易起包。裆底采用的是立体剪裁,这样会比较平整,没有异物感。最重要的是这个腰头,隐藏式的松紧设计,可以自由调节……"这款裤子的设计思路,经过这么一分享一展示,我们马上就会觉得它很有设计感,细节处理得很好,并且马上就会认识到它的价值。原先之所以认为它一般,是因为我们不懂设计,没有意识到一条卡其裤中有这么多的学问。这种分享服装设计思路的视频,其实就是在表达一种专业、严谨、精益求精的工匠精神。也就是说,不管我们讲的故事多么平淡无奇,意义都一定要深远,要能升华产品——与更强大、更深远的情感、精神、意义、理念关联起来。这样一件普通的产品才能实现价值的升华。

情节化是超现实的,是艺术化的,它不像与场景的关联是直观的,情节化具有强大的超越性。一个产品仅凭好看、实用,它的价值是极其有限的,不可能产生高溢价。产品价值的超越,很大程度上来自情节化。记住,我们贩卖的是情感,不是事物本身,而情节化就是创造情感的一种重要方法。

// 情节化的 4 个原则 //

抖音就是一个故事会,我对抖音的部分博主做过统计,发现有流量的博主大都是会讲故事的博主。做抖音的核心技巧,就是

第十三章 触发和驱动模式之三：情节升华

提升自身讲故事的能力。关于讲故事，很多书籍中讲了各种复杂的原理。单从有效性的角度来讲，我在这里只和大家分享 4 个情节化的重要原则。只要大家能抓住这 4 个原则，就能讲好一个有效启动大脑的故事。

◊ 逻辑简单

并不是说会讲故事就能让产品、品牌等产生价值，是需要遵循一些原则的。情节化要遵循的第一个原则就是逻辑简单，也可以说是因果关系和逻辑关系简单。这样用户才会有获得感和确定感，才会认为在自己身上可操作、可复制和可实现。

卢梭在《社会契约论》中说过，"人是生而自由的"。当我们听到这句话的时候会感觉自己从这句话中学到了知识，因为这句话中有个简单的逻辑——人是自由的。但是，当我们知道下一句话，这种逻辑就不存在了——"但却无往不在枷锁之中"，我们的逻辑就混乱了。先说人是自由的，又说人是活在枷锁中的，到底人是不是自由的呢？对此，关于卢梭的这句话，大部分人都只说一半，就是"人是生而自由的"，后半句不说，就是为了给人简单的逻辑。用户更愿意相信逻辑简单的信息，而不是逻辑复杂的信息。用户从内心深处是抗拒逻辑混乱的。逻辑越简单，用户越有获得感，而且逻辑简单也会让用户感觉不费力气、可操作、可复制。

情节化的过程中运气的成分、随机的成分、不确定的成分越多，逻辑关系就越混乱、越复杂，用户就什么也抓不住，什么也获得不了。这就好比你有慢性咽炎，想买一款对症的药。当药店售货员给你推荐了一款药时，你会感觉自己的咽炎终于有救了。但是你仔细一看使用说明，上面写着适用于慢性咽炎、感冒、咳嗽、发热等症状。这时你对这款药的信任度和确定感就会大大降低。因为这款药与咽炎的关联不够绝对，与其关联在一起的感冒、咳嗽、发热等不相关的因素太多，造成逻辑混乱，导致你对这样的药信心不足。

同样的，当我们在商店里买衣服时，试穿了一件衣服，售货员对你说："这件衣服很适合你，显得你很漂亮。"当我们试穿另一件的时候，售货员又说："这件也很适合你，也显得你很漂亮。"同样的话用在第二件衣服上，就会削弱第一件衣服能让我们变漂亮的逻辑关联，这时你会怀疑售货员说的到底是不是真话。出现这种情况，就是因为同一件事关联的信息过多，降低了我们对关联的确定感。

如果故事中的相关因素较多，那么我们要做的要么是把过多的因素删除，要么是用过多的因素来佐证核心逻辑关系。就好比我们试穿完第一件衣服后，这件衣服可以让我们变漂亮的逻辑关系已经建立。这时如果售货员拿起一条丝巾跟我们说："搭上这条丝巾，会显得搭配更有层次，就近乎完美了。"这样一来，我们就会更加确定这件衣服会让我们变美，而且我们会很容易既买衣服又买丝巾。因为丝巾不但没有破坏核心逻辑关系，而且提升

第十三章 触发和驱动模式之三：情节升华

了核心逻辑关系的确定性。

抖音的内容之所以吸引用户，是因为它大都符合逻辑简单、绝对的原则。中国有句古话叫"言多必有失"。话说多了难免有失误，其中一个原因就是话说多了，话语中的逻辑关系就会变得复杂，听者不容易在其中建立绝对性的逻辑关系。这样一来，说再多也都是废话，因为只有逻辑简单、关联绝对，用户才会有获得感和确定感。

◊ 冲突化

你会在不抗拒变胖的情况下，喜欢上健身吗？

你会在不抗拒衰老的情况下，爱上美容吗？

其实不管你的回答是什么，本质上来说是不会的。因为我们的大脑没有学会这种技能。大脑中强大的驱动力都是在冲突中产生的。也就是说，我们有多怕胖，就会有多么想要健身；有多怕老，就会有多大的动力坚持美容。

讲故事的核心目的是激活自我。在现实我与理想我的自我画像中我们说过，自我是一种对立的存在。故事中没有冲突就没有对立，没有对立就没有驱动力。故事要想对用户产生巨大的吸引力，就必须制造冲突。具有感染力的故事都巧妙地制造了冲突，如爱情故事中爱与恨的冲突，创业尝试中成功与困难的冲突，可口可乐广告中青春活力与乏味的冲突，等等。冲突激活了自我抗拒与渴望的对立，对立的力量让用户更渴望和更抗拒、更爱和更恨、更喜欢和更讨厌。

要想让用户更爱我们的产品，我们就要让用户更讨厌某种情景和状态，更喜欢产品开启的与之对立的情景和状态。比如，要想让用户买一杯星巴克咖啡，就要为用户制造冲突，让用户感觉速溶咖啡不好喝，其他咖啡不正宗，自己煮咖啡不专业，在家一个人喝咖啡没气氛等。与其对立的是星巴克咖啡的美味、纯正、专业、氛围感强。两者越对立，用户心中的冲突就越大，用户的驱动力就越强。记住，用户渴望的力量来自冲突。

◊ 表现力要强

情节化的第三个原则是表现力要强。情节化的逻辑要简单，但是表现力要强烈。

我们可以回忆一下，曾经看过的某部电影中的情节，如《阿凡达》，还能讲出它的具体情节吗？如果不是近期看过，大多数人是讲不出来的。但是提到这部电影的时候，我们的大脑中一定会闪现几个让我们记忆犹新的画面。我们大脑中的故事是会随着时间褪色的，能留下来的只有相关的几个极具表现力的画面。正是这几个画面让我们记得自己看过这部电影，也是这几个画面在维系着我们对这部电影的感觉。

研究发现，大脑的记忆存在一种预告片效应。我们听过看过

第十三章 触发和驱动模式之三：情节升华

的故事、经历过的事，随着时间的流逝，最终都会形成一种预告片式的记忆。我们对故事情节的记忆已经模糊，只能记得几个极具震撼力和感染力的画面拼凑起来的像预告片一样的片段。在前文中讲过，大脑的记忆是由自我感觉和情景线索两个重要因素编码而成的。故事最终沉淀下的，也仅仅是几个能维持某种感觉的情景线索。

因此，我们在讲故事的时候，对细节画面感的刻画，就成了一件非常重要的事情。因为只需要一两个具有冲击力的画面，用户就能对产品形成记忆线索。反之，就是过眼云烟，不会留下任何痕迹。一款方便面请了一个流量艺人拍广告。广告中艺人端着方便面摆出各种姿势，表现出很好吃的样子。但是看过之后回想这条广告，我们会发现大脑中什么也没有留下。如果时间再长一点，如半个月后，我们恐怕只能记得那个流量艺人，根本不记得广告的内容。就是因为这则广告没有对细节进行具有表现力的刻画，大部分广告都犯了这样的错误。其实只要深入刻画一两个生动的画面，就能让观众过目不忘。比如，模特吃一口面，因为面太劲道不舍得咬断，用尽全力往嘴里一吸，面条打在脸上，汤汁溅了一脸。这样生动的情景强有力地表现了这款方便面的好吃。只要有这样一个情景表现到位，就会在观众的大脑中留下情景线索。情景线索会让观众记住这条广告，记住这款方便面。当然，极具表现力的情景线索，并不仅仅局限于画面，也可以是声音、味道等线索。总之，表现力完全来自对细节的深度刻画。

故事中极具表现力的情景线索，带有鲜明的情感，具有强有力的塑造功能。用户更容易通过情景线索对事物产生固定的、片面的认知。就如上例中刻画的具有表现力的画面，可以让观众直观地感知到方便面很好吃，不然模特不会有那么生动形象的表现。这里我们一定要记住的是，故事的表现力要围绕产品的核心价值展开，若脱离了这点，表现力再强的情景线索也是空洞的、没有价值的。

◇ 优质的框架

大脑喜欢超现实的故事，我们时刻想要摆脱自我的局限性，渴望通过故事来感受自我超越现实的可能。因此优质的故事题材应该是魔幻、英雄、童话、科幻、刺激、理想、强大等超现实的，像漫威系列、哈利·波特、007系列、西游记等。我们可以从这些故事中看到自我更多的可能。

对自我来说，有变得强大、理想、美好的可能性，是最重要的事情。就好比人们喜欢看到化妆后的自己、美颜相机拍出的自己、精修的艺术照中的自己，因为这些都让人们看到了更理想、更完美的自我，虽然这些自我是通过各种技术实现的。人们愿意以这样理想的自我示人——出门化妆、发微博修图、把艺术照送人等。无论我们在现实中有多么普通，只要有变美的可能性，我们就会认为自己是美好的——有美好的可能。如果连可能性都看不到，那么普通就成了彻彻底底的现实，是不可改变的现实。

第十三章　触发和驱动模式之三：情节升华

所以，优质的框架是能为自我开启更美好、更理想、更强大可能的叙事框架，或者是超越现实、挑战现实的框架。超能洗衣液的系列广告采用的就是这样的叙事框架，它的广告语是"能隐忍，能绽放，能繁花似锦，能纯净如一，能超乎所能。超能女人用超能。"就是在给用户讲一个女人如何超越生活局限的故事，这个故事带给了女性希望和变美好的可能。

第十四章

触发和驱动模式之四:
以人为景

// 展示他人的姿态和心境 //

前文中我们分享的 3 种互动模式都是在为产品见"人"做准备，都是为了触发和驱动用户的行为。这就好比我们在家认真地洗漱、化妆、搭配衣服，这一切的准备都是为了出门见人——影响他人对我们的印象。那么，我们打扮的效果怎么样呢？从他人对我们的反应就能知晓。我们在与朋友聊天的时候，朋友很愉悦，总是发出开心的笑声。别人看到我们的朋友表现出这样的情绪，就会认为我们是能带给他人快乐的人。朋友的反应能直观地体现我们的价值。

无论做什么产品，最终都是要见"人"的。见"人"后，他人与产品互动时表现出的状态和情景，能让其他用户直观地感受到产品的价值。这就是渗透式互动的第三种方式：以人为景。以人为景是指展现人与产品互动时的情景和状态，以此来塑造产品的价值。我们在关于用户自驱力画像的内容中说过，他人是每个人的镜子。他人与内容、产品、社群、App 的互动模式，决定了用户如何看待和理解产品，以及如何与产品互动。之所以把他人行为对用户的影响放在这部分内容中，而没有在镜中我与心中我的自我画像中阐述，是因为我们要学会以情景思维来理解和运用他人与互动体互动时发挥的作用。

　　以人为景就是挖掘、展示、放大、突出用户在与内容、产品、社群、App 互动时的感受、情绪、状态,以此来展现内容、产品、社群、App 的价值。以人为景是在与互动体互动的时候,围绕他人来制造情景。围绕他人制造的情景能触发、驱动用户参与互动的欲望。

　　我们先来看如何通过展示用户使用或者接触产品时身体姿态和情绪的变化,来体现产品价值。广告中一个年轻的帅哥昂着头"咕咚咕咚"地喝了两大口可乐,然后打了个满足的嗝,接着脸上露出了愉悦而满足的微笑。当你看到这一幕时,你会如何理解这样的情景?你一定会认为,是可乐让年轻人感到开心和满足。喝可乐时"咕咚咕咚"的喝法、打嗝、愉悦而满足的微笑,这些姿态和表情都是与可乐互动时产生的直接的情绪和姿态变化。这些变化都指向可乐能带给用户愉悦感和满足感。看到这一幕,就会触发你对可乐的渴望,你会想要感受他人所感受的愉悦和满足。

　　在借助他人的情绪、姿态、言语、心境、表情、感受来提升产品价值的时候,需注意一点,要让用户感觉他人的这些反应是由产品引发的。曾经有研究者对 700 多个有人物模特的平面广告进行了研究,他们发现广告中模特的眼神有的直视观众有的回避观众,而后者更能吸引用户点击,带货效果也更显著。这是为什么呢?就如下面我的这两张照片,一张照片的眼神是若有所思,仿佛沉浸在一件事情中,与观众没有互动;另一张照片的眼神是

第十四章 触发和驱动模式之四：以人为景

直视观众的，好像试图在与观众进行互动。如果我是在推销一款产品，那么看完这两张照片，你认为哪一张更能提升产品对观众的吸引力呢？大部分人会认为是后者。其实不然。

这两种眼神左右了用户对模特角色的认知和感受。直视的眼神与观众有互动的感觉，模特的角色给用户的感觉是推销者，是在直接推销产品给用户。这会给观众造成心理压力。而回避观众视线的模特，给用户的感觉是体验者。模特表现出来的情绪、姿态、表情，都直观地体现了产品的价值。这种价值的体现方式，更能让观众在不知不觉中接受。我们在借助他人体现产品价值的时候，一定要注意这一点——回避观众视线。

他人与产品互动时表现出来的情绪、姿态、言语、心境、表情、感受等直观的状态，都可以直接地体现出产品的价值。他人的状态可以启动用户大脑与他人的连接，让用户感受到与他人同样的感受。我在《成瘾》一书中，对大脑镜像系统的内容进行了深入分享，要想了解其中的原因和机制，大家可以延伸阅读。

自增长:让每个用户都成为增长的深度参与者和积极驱动者

// 强调个性化表达 //

以人为景最核心的原则是强调用户的个性化表达。当他人得到个性化表达时,一方面可以营造一种情感鲜明的情景,另一方面可以触发用户的自我表达欲望。这让用户渴望参与其中,感受自己身在其中的状态。

近几年,很多都市商圈受到互联网的冲击,不得不寻求升级改造。真正的都市商圈升级,是围绕用户个性化表达展开的。但是大部分升级改造后的商业街区,都不具备让用户的自我实现个性化表达的功能,只是设计了一些吸引用户拍照的、固定的局部空间。这对用户的吸引力其实是非常有限的,这也是很多商业街区改造后仍火不起来的根本原因,即只有"死"景而没有与用户深层互动的个性化表达空间。个性化表达是要让每个用户都能在其中得到个性化的体验——产生与他人截然不同的互动结果。个性化表达能让用户与景点深层互动——充分地自我表达。

什么样的景点设计能让用户得到充分的自我表达呢?有一种喷泉景点,游客可以对着一个设备大声喊,喷泉能根据游客的音量变换高度,声音越大,肺活量越大,喷泉就能喷得越高、越久。

第十四章　触发和驱动模式之四：以人为景

游客与喷泉之间的互动是个性化的，游客决定了喷泉的变化。这样的设计让游客得到了充分的自我表达，这种表达是通过游客与景点的个性化互动产生的。每个游客参与其中，都会产生截然不同的效果——产生的效果是由游客个体决定的。

还有一种很有意思的动漫滤镜，可以根据用户的长相生成相应的卡通形象，这就是一种个性化的表达。在与系统的互动中，用户得到了属于个人的结果。这也是一种让用户实现个性化表达的产品设计。当用户的自我得到表达时，用户才渴望展示——发朋友圈，分享给他人。因为自我表达的其中一个目的就是让更多人看到。这样一来，就实现了用户自发自觉的传播效果。

北京环球影城开业，网上传得最火的项目就是与威震天合影。这个项目之所以会火，是因为威震天霸气、强大的荧幕形象与该项目中其诙谐幽默、调皮的"话痨"形象形成了极大反差，营造了轻松、幽默的互动氛围。同时，加之与顾客一对一的互动形式，激活了顾客的个性化表达欲望，并让顾客得到了充分的个性化表达。比如，某个女生一个人上来时，威震天会说："你是一个人来的吗？"女生说："是的，我失恋了。你说怎么办？"威震天会说："你失恋了跟我有什么关系？"女生说："你做我男朋友吧。"威震天说："我不！下面的观众，有谁看上她的，赶紧把她领走吧！"……这样的互动情景，引得现场的观众发出阵阵笑声。即使是要花100多元钱，大家也想与威震天来一次近距离的接触。同样的，当他人与威震天搞笑的个性化互动在网上传播时，也会激起很多人的兴趣。人们会在心中假设自己与威震天互动的情景，甚至已经想好了要如何"刁难"威震天。这就是个性化互动对用户的吸引所产生的效果。

让用户的自我充分表达的设计还有视频弹幕这种形式。以往我们看视频的时候，只能被动地看，不能在看的过程中发表评论，也不能针对某一个情节或某一个角色进行评论。即使能够互动，也是泛泛的互动，如点赞。这种简单、浅显的互动形式，大大限制了用户与视频的互动。而视频弹幕可以让用户在看视频的时候，随时对某个情景或出现的角色进行针对性的评论。这种针对性的评论会触发其他用户的互动行为。比如，一个用户针对某个出场的角色发弹幕说："这个女生一看就不像个好人。"当其他用户看到这条评论的时候，就有可能针对这个用户的观点发一条弹幕，如"我看你才不像好人呢"。这条弹幕就不再是针对视频内容的了，而是与其他用户的一种交流。这样一来，他人的个性化表达就成了这段视频的一部分，这段视频就不再是一段简单的视频，而是由众人在视频的基础上创造的一个新的互动体。这就是让用户的自我充分表达的魅力所在。当他人与产品互动时，所表现出的个人情绪、态度、姿态，能够高效地触发其他用户参与互动的行为。因为当有人在说、在做的时候，其他人也会想要参与其中，这就是以人为景的触发和驱动机制。

// 用户行为的价值深化 //

◊ 用户行为的价值

　　他人直接表现出来的情绪、态度、姿态,可以成为触发和驱动其他用户行为的情景。他人间接表现出来的信息也可以制造情景。在这个移动互联网时代,人与人之间的影响很多时候是间接的、数据化的、信息化的,并不需要见到真人,在虚拟世界里就能彼此影响。他人的虚拟账户释放的信息,能对其他用户的行为产生影响,如影响其他用户的评论、点赞、转发、投币,以及对某种功能或产品的使用和购买等行为。用户在系统中留下的任何行为痕迹,都是非常有价值的资源,都可以进行价值的深化,继续发挥触发和驱动用户行为的功能。用户行为信息的深化可以刺激用户与产品、品牌、App,以及用户之间的深度互动。

　　有的儿童在线教育课程,鼓励用户每学完一节课就转发到朋友圈,分享自己今天学了什么内容。这样的分享方式是很有效的。朋友圈中的其他家长看到用户家孩子今天又学了新的内容,就会感觉自家孩子什么都没有学,会逐渐与其他孩子拉开距离。这种心理会促使其他家长也为孩子购买同样的课程。他人的消费痕迹会给其他用户带来压力。由此可见，并不是用户消费完，价值就结束了，与其相反的是，用户消费行为的价值才刚刚开始展现。

用户的消费行为及与平台的互动信息，具有巨大的价值，都是可以大作文章的。但是大部分的平台都没有将这种资源充分地利用起来，或者说，利用的效果并不理想。京东商城有个问答模块，购物前用户可以向买过该商品的用户提问，也可以从已有的问答里查看有没有自己关心的问题。这种设置为用户间的互动提供了渠道，但是用户之间的互动并没有那么频繁和方便。即使有人提问，回答的人也很有限。用户间互动不起来，价值就体现不出来。用户没有互动的欲望的其中一个原因是互动界面的设计存在问题——非即时互动的界面，会影响用户的互动欲望，会让用户感觉回答完问题就没有下文了。用户没有欲望互动的另一个原因，是互动价值存在问题。在京东商城，用户与他人互动能获得的价值回报仅是几个京豆，这种有形的价值对用户的吸引力是非常有限的。

用户行为数据价值深化的目的，是要促进用户与平台、品牌、产品之间，以及用户与用户之间的深度互动。这是提升产品、品牌、平台黏性和吸引力的有效方式。深度互动是价值深化的核心目标。

◊ 数据情景化

在未来，人们会更多地活在虚拟世界里，人与人之间面对面的互动会越来越少。但这并不意味着人们会脱离他人对自己的影响。这种影响会以一种数据情景化的模式继续存在。这里提出一

第十四章 触发和驱动模式之四：以人为景

个概念，叫作数据情景化，是指把他人行为产生的数据设计成一种情景化的互动模式，继续与用户发生互动关系。数据情景化是用户智能系统与用户互动最主要的一种模式，也是用户行为价值深化的重要方式。

最简单的数据情景化的方法就是将数据图表化。比如，针对一个视频，系统生成了一系列的用户信息图表，包括用户的年龄分析、性别分析、地域分析、观看时间分析等，这就是将数据情景化了。股市的走势图就是将市场交易信息直观体现出来的一种数据情景化的形式。股民可以通过这种情景化的数据直观地掌握股市的发展趋势。

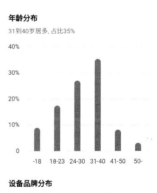

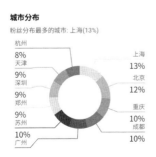

很多App都设有各种榜单，如销量榜、热门榜等。这些榜单也是一种简单的用户数据情景化的形式，在很大程度上触发和驱动着用户的互动行为。比如，健身App如果只是记录用户自己跑步的信息，那么它对其他用户的吸引力就会非常有限。如果在App中设置榜单，如步数榜单、坚持天数榜单、消耗卡路里榜单、睡眠时间榜单等，用户的信息就会被情景化，对其他用户的吸引力就会增大。

用户数据通过榜单的形式体现出来，用户就能从中了解自己的身体状况和运动状态在人群中处于一种什么样的水平。当我们看到排在第一的用户一天走两万多步时，我们就会意识到自己每天走5000步太少了，还需要努力。没有这种情景化的体现，用户就不会直观感受到自己的水平是怎样的。这种用户数据的情景化，能够很好地激活用户的镜中我和心中我，驱动用户的互动行为。记住，用户的行为是由他人激发的，没有他人作为参照，用户心中就没有标准和目标。

搜索引擎发展了20多年，表现形式上一成不变，依旧是一种"傻瓜"式模式——一点搜索，几万条、几十万条信息堆在用户面前。用户在点击的一瞬间，就像掉进了一个深不可测的大坑。用户本想要通过搜索解决一个问题，结果被搜索引擎甩来一万个问题。用户希望通过搜索获得确定感，但是大部分时候，都是带着希望而来，一脸疑问地离去。可以说搜索引擎不管背后的算法怎么进步，呈现给用户的搜索结果都没有改进，没有做到智能化。大数据发展到今天，搜索引擎的功能应该更多的是帮助用户对数据进行筛选、加工、提炼——高度情景化,应该以为用户提供掌控感、获得感、确定感为己任,而不是简单地抓取他人产生的数据。这肯定不是搜索引擎的未来。搜索引擎更应该向着数据情景化的模式发展,更应该提升其智能化、人性化。

App、平台、社群、品牌要想提升其黏性,其中一个重要的方法是让用户之间、用户与平台之间互动起来。而这其中发挥触发和驱动功能的,就是数据的情景化。所以,数据情景化就是用户行为价值深化的第一个目标。

◊ 创造超时空的互动

用户行为价值深化的第二个目标,是创造超时空的互动。

视频弹幕不但做到了让用户充分地进行自我表达,更重要的是实现了超时空的互动——改变了视频平台用户间的互动模式。首先,它超越了空间的限制。用户在关注同一个视频时,虽然大家不在同一个房间,看的不是同一块屏幕,但是弹幕营造了三五好友同坐沙发、一起看片的氛围。大家可以一边看一边针对某个情节发表看法。虽然互相并不认识,但是当围绕同一个情景发表看法的时候,就拉近了彼此的距离。这种超空间感,打破了陌生人之间的隔阂,大大提升了平台用户的凝聚力和生命力。更重要的是,超空间感没有了参与人数的限制,空间的超越使更多人可以参与互动。

自增长：让每个用户都成为增长的深度参与者和积极驱动者

另外，弹幕还超越了时间上的限制。过去我们只有一起看片才能进行交流，而弹幕超越了这种同时、同地的同步关注，让我们可以在交错的时空里共同关注同一内容，实现超时空的互动。例如，20天前一个用户看到某个视频第12分钟的内容时发的一条弹幕，今天另一个用户看到此弹幕的时候，可以与其互动，还可以体会到当时那个用户的感受。这就是一种超时空的互动模式，改变了多个层面的互动模式。

不过弹幕的超时空互动模式也存在一些弊端，比如，参与互动的人太多，影响了用户对视频的观赏，很容易形成一群人吵架的场面。基于这一点，视频弹幕也推出了解决方案，如人物绕排，就是弹幕绕开屏幕上的人物主体，这样就避免了满屏都是文字的情况。再就是粗暴式的解决方案，如直接关闭弹幕功能。当然，关闭弹幕违背了设置弹幕的初衷——提升用户的互动行为。其实弹幕还可以向更加智能化的方向发展，如有选择性地屏蔽部分弹幕，只保留自己感兴趣的互动主题。当然也可以有选择性地与某些用户互动，或者参与某段情节的互动等，而不是将弹幕满灌式地、无差别地灌进屏幕中。

超时空互动是将用户的互动信息不受时间和空间的限制聚集在一起，以此来提升对用户的吸引力。这是提升平台生命力、凝聚力的强大力量。

我们一定要明白一点，在移动互联网时代，每个用户的账户都是超越时空的存在。用户与平台间的互动，以及用户与用户间

第十四章 触发和驱动模式之四：以人为景

的互动，早就没有了时间和空间的限制。在用户眼里，每个账户都是一个会呼吸的生命，都有人的属性，如到了晚上要休息，忙的时候无法回复信息等。但是我们知道我们的信息对方一定会看到。这不像我们面对面地沟通，你说了一句话，假如对方没有听见就不会理你。所以我们必须把每个账户都当作一个持续在线的生命来看待，而不是按照人的生活作息来理解互联网账户。互联网账户是超时空的存在，未来的智能用户系统将超越人的属性，创造出更多超时空的互动模式。

第十五章

触发和驱动模式之五：自我互动

// 自我对话激活内驱力 //

前文介绍了3种互动模式,其中生成式互动和渗透式互动都是为了促进沉浸式互动的发生。生成式互动和渗透式互动都发生在外部,沉浸式互动发生在用户的大脑中。沉浸式互动是激活自我,在大脑中模拟与互动体互动的过程和结果。沉浸式互动由两部分组成,一部分是自我上线,另一部分是自我互动,也叫自我对话。这也是生成式互动和渗透式互动的目标。

自我上线是指激活和唤醒某个自我来参与互动。激活的自我可以是美好我,也可以是失控我,还可以是镜中我等。很多时候激活的并不是单一的自我,而是多个自我同时被激活,同时在线互动。自我上线是沉浸式互动的前提条件。

让自我上线完全是因为用户的真实需求是非常有限的,用户更大更多的需求来自自我保护、自我表达、自我实现。我们要想把更多、更贵且非必需的服务和产品卖给用户,就需要唤醒用户的自我,让产品和服务与用户的自我连接。我们一定要认识到一点,用户需求是表面的、有限的,而自我需求是深层的、无限的。所以从今天起,我们要从自我需求层面而不是用户需求来理解用户。自我上线就是为了制造和释放用户需求。

生成式互动与渗透式互动的另一个目的是启动大脑进行自我互动。自我互动是指，用户在大脑中模拟与产品或信息发生关系或互动的情景时，自我可能产生的变化和结果——获得某种自我感觉。因为自我感觉是用户行为的驱动力，所以要想让用户参与到实质性的互动中去——去买、去用、去看、去参与等，就要先让用户进入沉浸式互动，在大脑中模拟与产品和信息互动的过程和结果。这是一个自我感知和说服的过程，在这个过程中获得的自我感觉，会促使用户做出反应或采取行动。

我们在前文中说到，电影《一个购物狂的自白》中的丽贝卡在商店里看到一条绿围巾，她很喜欢。这时这条围巾就唤醒了丽贝卡美好自我的上线。可是她再一想，自己的信用卡已经刷爆了。她的理性我告诉她："我不需要围巾了。"理性我能把丽贝卡拉走吗？不能。因为丽贝卡的美好自我已经被这条围巾激活——已经展开自我互动。

最终，美好自我为丽贝卡营造了一种美好的自我感觉，这种感觉驱动丽贝卡买下了那条自己本不需要的绿围巾。美好我上线后对丽贝卡进行了自我说服，这是丽贝卡买下围巾的关键。记住，用户的任何消费行为都是由自我互动产生的自我感觉驱动的，特别是我们的那些非必要需求。

第十五章 触发和驱动模式之五：自我互动

// 内驱力源自感觉模拟 //

沉浸式互动的核心目的是让大脑进行感觉模拟。感觉模拟就是围绕产品、事物、信息在大脑中展开想象、联想、虚构、假设、虚拟的过程。这个过程重在模拟自我感觉，如在大脑中模拟穿上那件大衣是什么感觉，用上那款手机是什么感觉，等等。感觉模拟可以让激活的自我变得可见、可感、可操作，让用户感觉可以变成那个美好的自我。感受到某个自我是用户行为的方向和动力。这就好比我们打算中午吃麦当劳，是因为我们感受到了吃麦当劳的美好，才选择去那里吃，否则我们是不会去的。也就是说，如果大脑无法感受到未来自我的样子，就不会产生去未来的动力。而对未来某种可能的感受，就是通过大脑的自我互动产生的自我感觉实现的。

保罗·布卢姆和他的同事做过一项研究。他们将被试珍贵的私人物品拍成照片，然后让被试亲手把这些照片撕掉，如撕掉自己结婚戒指的照片。研究中被试的皮肤电传导数据显示，被试撕照片的时候，处于轻度焦虑的状态，就好像被试毁掉的是物品本身一样。另外一个实验，是让被试向婴儿照片扔飞镖。结果显示，被试扔飞镖的时候很犹豫，而且命中率很低。出现上述情况是因为被试的大脑在参与这样的情景时，为被试模拟出了某种负面的感受——撕掉结婚戒指的照片，意味着婚姻破裂；向婴儿照片扔飞镖就像在向真人扔飞镖，会伤害到婴儿，促使大脑产生了焦虑的情绪。

我们都有过这样的经历：站在楼房高层的窗前，总是会有种要掉下去的感觉。这种入侵性的思维，就是大脑根据此情此景为我们模拟了一种可能发生的负面状况，是为了让我们避免潜在的负面可能。同样的，丽贝卡如果不能想象出自己围上围巾产生的效果和变化——体验到某种美好的感觉，那么她就不会喜欢也不会需要那条围巾。大脑是一个由自我感觉驱动的模式化的"机器"。大脑通过感觉模拟产生某种感觉，从而启动模式化的反应。若大脑模拟出了负面的感觉，就会驱动用户产生逃离和回避的行为；若大脑模拟出了正面的感觉，就会驱动用户产生积极的亲近和购买行为。

我在《带感》一书中提出了一个概念，叫自我标记。自我标记是指用户在与产品互动时建立的一种自我关联。大脑模拟与产品互动产生的自我感受，就是自我标记的一种。这种自我感受就是用户在产品中制造的自我标记，也就是产生了产品带给"我"的感觉。自我标记让"我"的感觉与产品关联在了一起，建立了关系。有些动物会用粪便和气味来标记自己吃过的食物和到过的地方，人类是用自我标记这种方式来标记与"我"有关之物的。

一旦用户的感觉模拟完成——自我标记产生，那么用户就有

第十五章 触发和驱动模式之五：自我互动

了筹码。感觉是用户大脑中种下的执念的种子。就像前文中的例子，美好我为丽贝卡模拟出了这条围巾带给她的变化和效果，这个触手可及的美好自我，让她不顾自己信用卡已经透支的债务风险，毫不犹豫地买下了那条围巾。这种情景在生活中比比皆是，用户贷款买房、买车、买手机等，都是因为激活的自我感觉已经深深地扎根于用户大脑，用户已经成了这种自我感觉的"奴隶"。也正因为如此，才有了"剁手族"和"月光族"。

用户是由自我感觉驱动的生物。若没有了感觉，用户行为就会既没有动力又没有方向。很多时候用户的行为并不会得到实物奖赏，但用户还是会沉迷其中，原因就是用户在其中得到了感觉上的满足。如在游戏中，玩家并没有得到实物奖励，沉迷其中是他们得到了自我感觉上的满足，如赢的成就感和价值感，一起玩游戏的归属感、认同感等。在这个物质丰裕的时代，大部分的商业模式都是在满足用户自我感觉上的需求。用户在消费中想要获得的是一种感觉，而不是实物。

感觉模拟并不单指大脑通过自我互动产生某种自我感觉，还有更加宽泛的定义，它泛指所有可以改变和影响大脑对事实感觉的方法和技术。未来围绕感觉模拟的产业会越来越发达。比如，美颜手机通过技术让用户看到了一个更美的自我，但那不是用户真正的样子。这样的技术是为了改变和影响用户对自我，以及他人对自我的感知。再如 VR 技术，为用户制造了真实的感官体验，但那不是现实……

自增长：让每个用户都成为增长的深度参与者和积极驱动者

科学研究发现，当大脑中释放催产素的时候，人们能够更好地与他人共情——感受到他人的感受，更多地为他人着想。科学家让被试吸入适量的人工合成催产素，然后问他们是否愿意为慈善机构捐款。结果显示，吸入催产素的被试变得比没有吸入催产素的被试更慷慨。这就是通过药物直接启动大脑对某种感觉的模拟，从而改变了人们的行为。在未来，感觉模拟的技术会得到突飞猛进的发展，会影响我们生活的方方面面。

3
// 沉浸其中主动与产品建立连接 //

生成式互动与渗透式互动都是通过外在营造的情景信息吸引用户与产品或品牌展开互动，并形成自我感受。这是一种被动与产品建立自我关联的互动模式。还有一些让大脑主动与产品建立自我关联的互动模式：接触、拥有、参与。下面我们就来具体看看主动与产品建立自我关联的这些模式。

◇ 在接触中连接

用户对很多产品并没有明确的想法和感觉，但是当用户接触、触摸产品的时候，大脑就会主动与自己生活中的情景对接——将

第十五章 触发和驱动模式之五：自我互动

产品导入自己的生活情景。

有一家人气颇高的线下美妆店，店内有个超有人气的区域，就是香水试用区。这个区域有上百种各大品牌的香水供用户试用，不管是多大牌或是多昂贵的香水，只要用户想体验一下，就可以随便喷。难道商家不怕用户试用了却不买吗？其实商家更应该担心的是用户碰都不碰。

首先，当用户与产品接触的时候，就是用户在与产品主动对话的时候，用户接触产品时的每一个动作——左右端详、上下掂量、反复触摸等，看似琐碎、无目的，其实行为背后是大脑在努力与产品交流、连接——将产品与自己的生活情景连接。用户与产品的接触，是一种将产品积极、主动导入自己生活的方式。用户自我主动与产品进行需求匹配，要比用户被动地将自我放进设计好的情景中的效果会更好。这种连接是更有针对性的，是与用户的个性化需求进行的匹配。

苹果体验店的服务员非常友好，他们不会限制用户拿或者玩任何产品，用户想玩多久就玩多久。而且当用户需要帮助的时候，服务员会随时出现在身边。他们之所以这样做，就是为了不打断用户与产品的连接，让用户更好地沉浸在与产品的连接中。聪明的商家知道这样的连接一旦建立，就在用户的大脑中种下了执念。即便用户当时不购买，也有可能等促销时购买，或者是转向网络购买。总之，用户会对产品念念不忘，最终产生购买行为。

其次，如果你是一个训练有素的销售人员，那么你是可以从用户与产品的互动中，直观地感受到用户对产品的态度的。有一项研究表明，对于一件产品，用户拿在手里的时间越长，购买的可能性就越大。

我们通过对用户体验行为的研究发现，与产品互动的姿态能直观反映出用户对产品的喜好程度。我们可以通过观察用户将产品拿在手里的方式、用手触摸产品的方式，判断用户购买的意愿有多大。例如，不喜欢产品的用户表现出不耐烦、急躁，而喜欢产品的用户则会表现出温柔、细致、享受。

用户的姿态、动作是根据与内在连接的情景表现出来的。当大脑将产品导入自己生活中正面、愉悦的情景时，用户的肢体语言也会有相应的表现——把产品拿在手里，不愿意放下；拿产品的手握得很紧；重复抚摸产品的同一个位置；等等。记住，大脑最不擅长的就是做表里不一的事情，比如，内心喜欢却表现出不喜欢的样子。即使表现出不喜欢，也是做作的、生硬的。

最后，也是非常重要的一点，一项用户行为研究表明，用户在与产品互动时，产品会对用户产生一种绑架效应。例如，当用户拿起某款香水时，香水会对用户的行为产生潜移默化的约束。如用户会学着别人的样子先轻轻地向手腕喷一下，然后用另一只手扇一扇，再用鼻子深深地闻一闻。用户会学别人用香水的样子与香水互动，以此表现出一个喜欢香水的人应该表现出的行为。

这就好比我们喝红酒，不管会不会喝，在拿起酒杯的时候，总会学着别人的样子，先晃一晃杯中的酒，再闻一闻，然后轻轻地喝一口，将红酒在口中停留片刻后再慢慢地咽下去。很多时候我们也不知道为什么要这样做，但是我们在与红酒互动的时候，就是会自觉自动地这样做。这就是人们在与事物的互动中，事物对人们的行为产生的绑架效应。让用户与产品互动，就是把用户带进产品的使用情景，让用户感觉自己已经是使用产品的人了，已经过上使用产品的生活了。

拥有就会连接

理查德·泰勒在20世纪70年代早期提出了禀赋效应。禀赋效应是指一个人一旦拥有了某件物品，他对该物品价值的评价要比没拥有的时候高很多。就比如你得到一个别人免费赠送的价值5块钱的杯子，回头有人要花6块钱买你这个杯子时，你是不太愿意卖给对方的。同样，如果有人用同样的杯子与你交换，你也是不愿意的。就是因为你拥有杯子后,杯子在你心中的价值提升了。

之所以会出现这样的现象，是因为拥有和得到的行为会让大脑在事物与自我之间进行关联——这是"我的"杯子。这种关联是一种自我信念——在意志上让大脑感觉事物与自身存在关系，也就是事物成了自我的一部分，与自我密不可分。用户一旦用"我的"思维方式去理解和定义产品，就在产品中打上了自我标记——用户对产品形成了自我信念。自我信念是自我标记的第二种方式。同样是自我标记，但是自我信念不同于自我感觉先有感觉然后产生自我关联的方式，自我信念不需要对产品产生自我感觉,而是通过某种行为直接产生"我的"这种自我连接,从而产生自我信念——打上自我标签。神经科学家研究发现,任何物品成为"我的"那一瞬间,也就是与自我建立连接的那一刻,大脑会形成强烈的体验,产生一种被称为"P300"的体验峰值。大脑的这种自动化体验,会让用户对被标注为"我的"的物品投入更多关注。用户与这个世界的关系是自我信念的关系,如我的杯子、我的车子、我的房子等,在很大程度上这两者之间只是在大脑中建立了一种信念的关系,实质上它还是它,"我"还是"我",用户只是坚信它是自我的一部分。人的行为就是被这种自我感觉与信念支配的,它们是用户行为的驱动力。

关键是,当用户对产品产生自我信念时,用户对产品的态度和价值判断将产生正向偏见——认为自己的既好又对,掌控着自己的生活,自己的东西有价值……这就是禀赋效应的深层原理。

没有任何要求和条件地先让用户得到和拥有,产品就会被用户打上自我标签,产品在用户心中的价值就会大大提升。很多购物平台都有免费试用的模块。比如,有的购物平台上设置了一些可以免费申领的图书,用户可以根据自己的需求选择任意图书。申领成功后,商品被免费且包邮寄给用户。免费申领的设定和承诺,让用户感觉自己拥有和得到了产品。这就是先让用户将产品打上自我标记——产品与自我关联,再让用户带着某种自我情感参与到选书下单等过程中,这会大大提升产品、平台在用户心中的价值。

第十五章 触发和驱动模式之五：自我互动

其实，盲盒也是一种通过拥有和得到优先与用户的自我建立关联来提升产品价值的商业模式。用户在购买盲盒的时候，不知道里面具体是什么，但是大部分人都不会把买到的产品退掉或者换掉。原因就是用户在购买的一瞬间先给盲盒打上了自我标签，也就是先对这个一无所知的产品产生了自我情感。就是因为得到和拥有后用户主动与产品建立自我关联，形成了"这是我的"的自我信念，从而提升了对产品的喜好。

如今的购物平台大部分都承诺无条件退换货，但是真正退换货的用户只有很少一部分。因为用户一旦拥护某个产品，就会产生自我标记。在某种情况下，用户放弃自己拥有的事物就像割掉自己的一块肉一样难受。

◊ 先参与再连接

我们一定要记住，用户自我的核心需求是自我表达。不管用户对平台和产品是否喜欢，只要让用户参与其中，用户就实现了自我表达，平台和产品就会与用户建立自我关联。例如，其实你根本不关心环境问题，但是公司让你参加了一个关于环境的训练

自增长：让每个用户都成为增长的深度参与者和积极驱动者

营，在参与的过程中，你就会对环境问题感兴趣。因为在参与的过程中，你实现了自我表达——思考了这个问题，表达了对这个问题的理解等。再如你和朋友聊天的时候，朋友并没有怎么说话，只是你在滔滔不绝地说个不停。这种让你充分表达的朋友，会让你感觉沟通顺畅，聊天很愉快。你从而产生了他很善于沟通的感觉。单就用户的参与行为来说，就能直接提升用户与产品、平台的关联度。

有的视频一上来直接就问："以下这种事你做过没有？做过的扣1，没有做过的扣2。"不做任何铺垫，先让用户参与进来再说——先与用户发生关系。这其中有两种互动模式发生，一种是当用户看到这个问题时，就会在大脑中思考和回想，自己是否做过这样的事情，这样的行为就是在与内容互动。另一种是即使用户没有把1或者2打在公屏上，用户在心中也打了1或者2，都直接参与到了内容中。无论是思维参与其中还是行为参与其中，都直接触发了自我与内容的关联。这样一来，真正的内容还没有开始，就与用户捆绑在了一起。

三顿半咖啡发起了咖啡罐返航回收计划，向用户回收咖啡罐。品牌方把回收过程游戏化，一步步引导用户完成回收。我们先不说这些咖啡罐到底有多大的回收价值，单就回收这种互动模式来说，就是在深度地激活品牌与用户自我的连接。通常用户喝完咖啡，咖啡罐就直接扔掉了。但是如果商家回收呢？在喝完咖啡的一瞬间，用户的另外一个念头就产生了——找个地儿把咖啡罐留好。用户需要刻意地把咖啡罐收好，这时用户对咖啡罐投入的自

第十五章 触发和驱动模式之五：自我互动

我意志才刚刚开始。接着用户会很期待存够一定量的咖啡罐从而完成回收，这种情况下，用户再喝咖啡就多出了一种意志——收集咖啡罐，而不是单单喝咖啡。这个成为废品的咖啡罐，改变了用户对喝咖啡的期待和感觉。咖啡罐攒够后，再按照品牌客户端的回收方法一步步完成回收。整个过程，从喝咖啡到咖啡罐回收完成，用户的意志始终都被这个没有什么价值的咖啡罐牵动着。在这个过程中，用户每一份自我意志的投入，都是在强化自我与品牌的连接，都是在加深自己对品牌的情感。有些时候，不一定需要先让用户认识到产品和品牌的价值。我们也可以先让品牌或 App 与用户互动起来，在互动中不断地捕获用户关注的意志，强化用户的自我与品牌的连接，从而提升品牌在用户心中的价值。因为对用户来说，品牌和 App 的价值就是与自我的深度连接。

互动闭环:
打造沉浸式的互动模式

// 互动的目的：建立模式 //

互动的目的是建立模式。互动的第一要务，是让大脑对互动体形成模式化反应。若互动体无法在大脑中形成模式，就说明它没有产生不可替代的价值。

我有一次逛街，看见一个泡芙店前排了很多人。负责点餐的服务员很有意思。当一个小女孩来点餐时，服务员的身体会自觉地前倾，微笑着温柔地问："小朋友，你要什么口味的？"接下来是一个年轻的妈妈点餐，服务员立马直起身子挺直了腰板，那种温柔的语气马上就消失了，一脸严肃地问："您要什么口味的？"当这位妈妈不明白买赠规则时，服务员有点不耐烦地指指柜台上的海报说："您看下这里，上面写着呢。"然后来点餐的是位60多岁的大妈，服务员又前倾了身体，但是语气并不像对小朋友那样温柔，而是把声调提高了一倍，用力地说着每一个字，好像生怕大妈听不见、听不懂一样。面对小女孩、年轻妈妈、大妈3个不同的对象，服务员会自动地、轻松地切换与其互动的模式，这说明了大脑是根据信息出现的形式（情景）决定采用什么模式与其互动的（产生行为的）。服务员对3个对象的认知不同，导致启动的互动模式也不同。

我们在前文中分享的触发和驱动用户行为的5种互动模式，有3

个目标：一是影响用户对产品、品牌、信息的认知，设定用户与互动体的互动模式，明确地告诉用户"我是什么，你应该怎样对待我"；二是将用户带入互动模式，5种互动模式都是为了让互动体带上鲜明的情感，在与用户互动时，将用户带入设计好的情景中；三是让用户对互动模式产生依赖，塑造用户的生活和自我价值。总之，这一切都是在为用户打造模式、将用户带入模式、让用户对模式产生依赖。

从局部细节到整体形象，整个互动方式的设计都是在建立模式。一款购物App交互界面的某个位置，是分类产品的入口还是单个产品的入口，又或者是促销产品的入口，在用户心中都是模式化的。这种模式化是在用户与平台的互动过程中形成的。当一款手机的商品图出现在购物平台的首页时，虽然它不能说话，也没有配文字，但是用户依然能知道这款手机是在促销、在搞活动等。如果这张图出现在分类页面，用户就知道这是在重点推荐；如果出现在产品的详情页，用户就知道这是对产品的展示。看到这些信息，用户就知道产品是不是自己想要的，以及要不要点击。这是因为这些信息在用户大脑中被模式化了，正是这些模式化的信息让用户可以与平台轻松、高效地互动。

局部的模式化建立不起来，整体的模式化就无法形成。京东的成功，其中一个原因是它各个层面的模式化都建立得比较到位。它将整个网络购物的行为系统、完整地模式化了，如物流，我们每次在京东购物，送快递的小哥都穿同样的制服、用同样的包装箱等。这就是物流配送模式化了。这种模式中有秩序、有情感。而如果是在天猫或者拼多多购物，我们不知道送货的是哪家物流公司、是什

第十六章 互动闭环：打造沉浸式的互动模式

么人来送，甚至有时候货到了，不打开我们都不知道是在什么平台买的什么产品。只有把包裹拆开，才会想起来："哦，原来是我买的衬衣！"这其中就没有建立起模式，当然也不会有情感和依赖。

对局部模式的塑造，是为了塑造一个被模式化的互动体。受到用户喜欢的每个 App 和品牌，都是成功地建立了一套情感鲜明、定位鲜明、功能鲜明的互动模式。就像京东、天猫是购物平台，抖音、快手是娱乐平台，微信是社交平台等，都是模式化的结果。无论是产品、品牌还是 App，终极目的都是在与用户的互动中建立起一套互动模式。

一旦在用户心中建立起了互动模式，就会形成闭环。闭环形成，竞争壁垒也就形成了。闭环让 App、品牌从根本上形成了自身的优势。很多品牌和 App 之所以不具竞争优势，根本原因是从局部细节到整体形象的模式化不到位、不够深入。没有模式，就没有竞争优势，也就不可能实现自增长。

// 形成闭环的 4 道壁垒 //

◇ 第一道壁垒：超现实

闭环是什么？它不是迷宫，让用户找不到出口。闭环是安乐窝，让用户沉浸其中不愿意走出去。我们在用户自驱力的画像中发现，用户从骨子里抗拒真实的自己，而无限渴望美好、强大、超越现实的自我。自我的一切努力，都是对自身局限的抗拒。我们不能再为用户复制现实了，而是要为用户创造可以逃离现实的美好世界，也就是超现实世界。

用户的现实世界是混乱的、无序的、不可知的、不确定的、无法回头的，这其中没有风格，没有主题，没有秩序，没有空间，一眼见底，有的只是平庸、无序、不可控、平淡、麻木、无趣、无感等。相反，超现实的闭环是高度理想化、秩序化、艺术化、游戏化、模式化的，是可控、有序、有效、有趣、刺激、丰富、理想、美好的超现实世界。

同样的内容采用不同的表述方式，就能制造出有趣的超现实感。比如，抖音上一些分享美食的博主，采用了比较夸张、幽默、风趣的解说方式。一道普通的红烧茄子的制作方法，解说是，"选择两个长得流光顺滑、细皮嫩肉、身材苗条的长茄子，先给它洗个凉水澡，再用我老公家三代祖传的屠龙刀……"这样的表述方式让人单听解说过程也觉得是件很有意思的事情。这是因为他们没有按照现实的模式一板一眼地分享一道菜的制作过程。有趣、幽默、滑稽、夸张的表现方式，就是一种最基础的超现实互动模式。

很多平台都设置"点赞"功能。有的平台点赞完后，不会有任何反馈，只是点赞量的数字改变了；有的平台点赞完后会弹出配着

第十六章 互动闭环：打造沉浸式的互动模式

音效的一个大拇指；还有的平台点赞后会弹出一个卡通人，向用户伸出大拇指。从这3种互动方式来看，最后一个效果最佳、最炫酷。这些效果炫酷的互动模式也是一种超现实的互动模式。因为它放大了用户行为的反馈效果。这样的效果让用户获得了有效感、力量感、操控感。我在《带感》中和大家分享了一些提升用户行为反馈效果的方法，感兴趣的读者可以延伸阅读。在这里我们要意识到，提升用户行为的反馈效果，是制造超现实互动的一种重要方法。

前文中和大家分享的5种触发和驱动用户行为的互动模式，其实就是从不同的维度制造超现实的互动模式。我们从此刻起一定要意识到，我们的终极目的是把用户带入一个超现实的互动模式中。

第二道壁垒：超级空间

我们要打造的是一个具有独立风格和模式的互动空间，它不是一个单独的互动模块，而是一个王国、一个世界。社群、公众号、

App、品牌等都是在打造具有独立风格、情感、模式、格调的互动系统和空间，每个让用户迷恋的互动空间都是具有独特风格的。用户身在其中，会有一种与现实剥离的感觉——脱离和忘记现实的感觉。

在互动中，我们首先要明确的是，要将用户导入一种什么样的互动氛围。在线教育课程有的设计成了一对一的授课形式，有的设计成了虚拟小游戏的互动形式。虽然在线一对一的授课形式给用户一种个性化服务的高端感，但依旧是老师讲学生听的传统教学模式，并没有为学生提供超越现实的学习模式和互动情景。这种形式要想模式化发展，还是存在局限性的。而采用小游戏的互动模式，通过对各个互动情景的深入设计，将学生导入非常规的教学情境，便打破了传统模式，打造出了独特的互动氛围和空间。这种模式很容易将用户带入其中，让其沉浸其中。记住，用户要的是一个具有独特互动氛围和模式的世界。

那些实现互动闭环的平台和品牌，都是为用户制造了超现实的互动空间，打造了一个与现实不同的互动世界。所以用户才会沉迷其中，自觉自动地追随和传播。下面这些品牌便是这样的。

魔幻的、神话的世界：哈利·波特。
神秘的、英雄主义的、充满力量的世界：漫威动画。
青春的、刺激的、挑战的氛围：可口可乐。
舒服的、享受的、惬意的空间：星巴克。
梦幻的、童话的世界：迪士尼。

第十六章 互动闭环：打造沉浸式的互动模式

时尚的、科技的、简约的世界：苹果。

欢乐的、轻松的、有爱的空间：麦当劳。

美好的、理想的空间：美图秀秀。

一杯咖啡有什么价值？一个视频平台有什么价值？一个卖货平台有什么价值？这些互动体的价值都是有限的，这些事物的实际价值壁垒并不存在，你能做我也能做。但是，你能做出漫威吗？你能做出星巴克吗？并不能。他们的壁垒是与用户建立了一套独特的互动模式、互动空间、互动氛围。这种独特的互动氛围是从语言、形象、产品、营销模式等方面系统化地建立起来的，绝不放过每个细节对这种独特互动模式和氛围的塑造和渗透。是互动氛围和模式的独特性创造了它们不可超越的价值，塑造了它们真正的竞争壁垒。

第三道壁垒：超智能

在未来，商业模式会越来越以用户为中心。前文中我已说过，这种用户中心化并不是传统意义上的用户中心化，而是与用户自我的深层驱动力建立连接的中心化。未来能够存活下来的，一定是那些从深层了解用户、为用户提供服务的 App 和品牌。在很大程度上，这些 App 和品牌要比用户自己还要了解用户。而这样的品牌和 App 都是高度人性化、智能化的。人性化和智能化这两者组合在一起，其实就是一个具有生命力的智能管家和助理——超越人、更理解人的机器人。也就是说，是一个虚拟的机器人在为

自增长：让每个用户都成为增长的深度参与者和积极驱动者

用户服务。未来的品牌和 App，在用户眼里就是一个深度了解自己、完全忠于自己、贴心服务于自己、高度智能的、活生生的人。

前段时间一个朋友和我分享了一个记账的 App，这款 App 会不断地提醒用户记账，它的界面就像微信的聊天界面一样，用户可以与它互动聊天。用户可以把它的身份和形象设置成自己喜欢的名人。它会问用户的小名叫什么，如果用户叫琪琪，它一早就会提醒用户："琪琪早啊，今天也要开开心心啊！今天吃早餐了吗？吃的什么，花了多少钱？"如果用户回答："早餐吃的肯德基套餐，花了 25 元。"它就会回答："太棒了，一定会是元气满满的一天！"在这样轻松的互动中，就完成了记账。除了每天的固定开销，用户还可以主动告诉记账 App 当天的进账。比如，今天直播获得了 1 万元的打赏。记账 App 会惊讶地回复："哇！没想到你还挺厉害的，你真是个赚钱的小能手啊！"它甚至会开玩笑地说："那我以后就要靠你养活喽。"这款 App 的独特之处，在于它给了用户与真人互动的感觉，让用户感觉是一个活生生的人在与他互动，在为他服务。它就像一个帮用户记账的小精灵——有人性、幽默风趣、可爱体贴。用户根本感觉不出它是个记账的程序。它可以在不知不觉中帮用户完成记账的事情，让用户避免了机械、枯燥的操作过程。它的智能和人性化，会让用户的记账行为成为一种乐趣。虽然它的智能化是有限的，但是这种人性化的互动模式是正确的方向，是未来打造 App 的主要趋势。

有些平台的某些环节在这方面做得也不错，如 163 网易邮箱。用户早上登录，它会和用户打招呼："×××，晨光来拥抱，好

第十六章 互动闭环：打造沉浸式的互动模式

运不会少。"晚上登录时，它又会说："×××，即使天黑了，心还是要亮着。"这样的问候还是很人性化的。但是很多时候用户并不能感受到网易邮箱为自己提供了人性化的服务，原因是与邮箱相关的主要功能和服务并没有体现出人性化的一面。就像一个店铺，用户进门的时候服务员既开门又问好，还带路，但是在店内核心服务上，反而是机械的、工具的、枯燥的、功能性的。这就很难让用户体验到商家的人性化服务。人性化和智能化也是从细节和局部开始渗透到一个品牌和 App 的骨子里的，不是某一个环节、某一个细节做到人性化就能捕获用户的心。

现如今的智能算法，离真正的人性化和智能化还有一段距离。一方面，有些技术还没有达到一定的高度；另一方面，对用户的深层认知还比较有限。但是在未来 10 年，随着脑科学、生物科技、人工智能等技术的高速发展和完善，人工智能将更加了解人类，App 可以真正实现人性化和智能化。这样的 App 让用户根本分不出它与真人的区别。在未来的世界里，人们更多的是在与智能机器人互动。

◊ 第四道壁垒：超级连接

所有社群、品牌、App 的核心目的都是打造与用户的超级连接。超级连接是指打破用户自身的局限，让更多信息与用户建立深层而精准的连接。

人类与外界的连接是借助感官实现的，是通过看、听、闻、触摸等感官来与外部世界实现连接的。这种连接方式获取到的信息是非常有限的，局限性也是非常大的。从传统媒体发展到今天的智能手机，人们与外界的连接方式实现了升级——通过一块手机屏幕，人们与外界的各种信息连接了起来。这样的连接方式大大提升了人们的信息获取量。但与此同时，大量的垃圾信息和碎片化的信息也与我们连接在了一起。结果就是，我们的生存效率看似变高了，实际上却在降低——我们的大部分时间都被碎片化的信息吞没了。超级连接不但是要让用户与更多信息连接在一起，更重要的是要与用户建立深层连接。在超级连接中，深层是前提，其次才是信息量。

也就是说，只有与用户的深层意志紧密连接在一起，才能形成超级连接。所以，与用户互动形成闭环的核心壁垒是与用户建立深层连接。而我们研究用户大脑的深层动力机制，就是为了与用户的深层意志建立连接，实现精准、高效、科学的超级连接。

我们对用户行为及用户系统，做了大量深入的研究，创建了一套能够与每个用户建立超级连接的互动算法和互动模型。它能够让用户与社群、品牌、平台紧紧地捆绑在一起，真正实现用户自我驱动式的增长。

参考文献

［1］Weissman D H, Roberts K C, Visscher K M, Woldorff M G. The neural bases of momentary lapses in attention［J］. Nature Neuroscience, 2006, 9（7）: 971-978.

［2］Debra A. Gusnard, Erbil Akbudak, Gordon L. Shulman, Marcus E. Raichle. Medial Prefrontal Cortex and Self-Referential Mental Activity: Relation to a Default Mode of Brain Function［J］. Proceedings of the National Academy of Sciences of the United States of America, 2001, 98（7）: 4259-4264.

［3］Koenigs Michael, Tranel Daniel. Prefrontal cortex damage abolishes brand-cued changes in cola preference［J］. Social cognitive and affective neuroscience, 2008, 3（1）: 1-6.

［4］Avi Mendelsohn, Orit Furman, Inbal Navon, Yadin Dudai. Subjective vs. documented reality: A case study of long-term real-life autobiographical memory［J］. Cold Spring Harbor Laboratory Press, 2009, 16

(2): 142-146.

[5] Diana I. Tamir, Jason P. Mitchell. Disclosing information about the self is intrinsically rewarding [J]. Proceedings of the National Academy of Sciences, 2012, 109 (21): 8038-8043.

[6] Tajfel H, Billig M G, Bundy R P, et al. Social categorization and intergroup behavior [J]. European Journal of Social Psychology, 1971, 1: 149-177.

[7] Cohn Alain, Fehr Ernst, Maréchal Michel André. Business culture and dishonesty in the banking industry [J]. Nature, 2014, 516 (7529): 86-89.

[8] Kathleen D. Vohs, Jonathan W. Schooler. The Value of Believing in Free Will: Encouraging a Belief in Determinism Increases Cheating [J]. Psychological Science, 2008, 19 (1): 49-54.

[9] Seligman M E, Maier S F. Failure to escape traumatic shock [J]. Journal of Experimental Psychology, 1967, 74 (1): 1-9.

[10] Geoffrey J. Leonardelli F, Marilynn B.Brewer. Minority and Majority Discrimination: When and Why [J]. Journal of Experimental Social Psychology, 2001, 37 (6): 468-485.

[11] Pronin Emily, Berger Jonah, Molouki Sarah. Alone in a crowd of sheep: asymmetric perceptions of conformity and their roots in an introspection illusion [J]. Journal of Personality and Social Psychology, 2007, 92 (4): 585-595.

[12] Daniel K.Campbell-Meiklejohn, Dominik R. Bach, Andreas Roepstorff, Raymond J. Dolan, Chris D. Frith. How the Opinion of Others

Affects Our Valuation of Objects [J]. Current Biology, 2010, 20 (13): 1165-1170.

[13] Cooley Charles Horton, Human Nature and the Social Order [M]. New York, NY: Scribner's, 1902.

[14] Premack D, Woodruff G. Does the chimpanzee have a theory of mind? [J]. Behavioral and Brain Sciences, 1978, 1 (4): 515-526.

[15] Sarah E. Hill. Courtship, Competition and the Pursuit of Attractiveness: Mating Goals Facilitate Health-Related Risk Taking and Strategic Risk Suppression in Women [J]. Personality and Social Psychology Bulletin, 2011, 37 (3): 383-394.

[16] Michael Schaefer, Michael Rotte. Thinking on luxury or pragmatic brand products: Brain responses to different categories of culturally based brands [J]. Brain Research, 2007, 1165: 98-104.

[17] Jenny Davids. The philosophical baby: what children's minds tell us about truth, love and the meaning of life [J]. Infant Observation, 2010, 13 (2): 247-249.

[18] Jeffrey R. Hollerman, Wolfram Schultz. Dopamine neurons report an error in the temporal prediction of reward during learning [J]. Nature Neuroscience, 1998, 1 (4): 304-309.

[19] Tae Kyoung Lee, Michael A. Shapiro. Effects of a Story Character's Goal Achievement [J]. Communication Research, 2016, 43 (6): 863-891.

[20] Shane Frederick, George Loewenstein, Ted O'donoghue. Time Discounting and Time Preference: A Critical Review [J]. Journal of Economic

Literature, 2002, 40 (2): 351-401.

[21] Barker R G, Wright H F. Midwest and its children: The psychological ecology of an American town [J]. New York: Row, Peterson & Company. 1954.

[22] To Rita Ngoc, Patrick Vanessa M. How the Eyes Connect to the Heart: The Influence of Eye Gaze Direction on Advertising Effectiveness [J]. Journal of Consumer Research, 2021, 48 (1): 123-146.

[23] Daniel Kahneman, Jack L Knetsch, Richard H Thaler. Anomalies: The Endowment Effect, Loss Aversion and Status Quo Bias [J]. Journal of Economic Perspectives, 1991, 5 (1): 193-206.

[24] David J. Turk, Kim van Bussel, Gordon D. Waiter, C. Neil Macrae. Mine and Me: Exploring the Neural Basis of Object Ownership [J]. Journal of Cognitive Neuroscience, 2011, 23 (11): 3657-3668.

[25] 马修·利伯曼.社交天性人类社交的三大驱动力[M].贾拥民,译.浙江：浙江人民出版社,2016.

[26] 罗伯特·西奥迪尼,史蒂夫·马丁,诺厄·戈尔茨坦.细节：如何影响他人[M].苏西,译.北京：中信出版集团,2016.

[27] 霍华德·舒尔茨,多利·琼斯·扬.将心注入[M].文敏,译.浙江：浙江人民出版社,2006.

[28] 威廉·詹姆斯.心理学原理[M].郭宾,译.北京：九州出版社,2007.

[29] 尼古拉·盖冈（Nicolas Guéguen）."剁手"心理学：如何在与客户的心理博弈中获得更多[M].胡婧,舒静,译.北京：中国友谊出版公司,2019.

［30］丹尼尔·卡尼曼.思考，快与慢［M］.胡晓姣，李爱民，何梦莹，译.北京：中信出版社，2012.

［31］理查德·泰勒，卡斯·桑斯坦.助推：如何做出有关健康、财富与幸福的最佳决策［M］.刘宁，译.北京：中信出版集团，2015.

［32］罗伊·鲍迈斯特，约翰·蒂尔尼.意志力：关于专注、自控与效率的心理学［M］.丁丹，译.北京：中信出版社，2012.

［33］柳井正.经营者养成笔记［M］.北京：机械工业出版社，2018.

［34］肯尼思·J.格根.关系性存在：超越自我与共同体［M］.杨莉萍，译.上海：上海教育出版社，2017.

［35］理查德·塞勒."错误"的行为：行为经济学的形成［M］.王晋，译.北京：中信出版集团，2016.

［36］保罗·布卢姆.快感：为什么它让我们欲罢不能［M］.戴莎，译，北京：万卷出版公司，2011.